지은이

윤태성

도쿄대학교에서 'AI를 활용한 기계설계'를 주제로 공학 박사 학위를 취득한 후, 도쿄대학교 조교수를 역임했다. 도쿄에서 소프트웨어 벤처를 창업하여 기술과 경영이 어떻게 조화를 이루어야 하는지 몸과 머리로 직접 경험했다. 본서에서는 AI로 인해 기업과 사회가 어떻게 변화할지 예측하고, AI 경영을 도입한 경영자가 기업 생존을 위해서 반드시 고려해야 하는 전략을 설명한다.

카이스트 기술경영전문대학원에서 〈인공지능 특허전략〉, 〈서비스 이노베이션〉 등 기술과 경영을 아우르는 주제를 연구하고 가르친다. 기술로 바뀐 미래를 상상하고 이를 글로 표현하기를 좋아한다. 저서로 《기술전쟁》, 《과학기술은 어떻게 세상을 바꾸는가》, 《미라클 씽킹》, 《월급보다 내 사업》, 《탁월한 혁신은 어떻게 만들어지는가》, 《고객은 독이다》, 《한 번은 원하는 인생을 살아라》, 《지식 비즈니스가 뜬다》, 《막강 데이터력》 등이 있다.

KB207684

AI 매니지먼트

AI
MANAGEMENT

AI 매니지먼트
AX 시대 CEO가 갖춰야 할 비즈니스 전략

윤태성 지음(카이스트 기술경영전문대학원 교수)

AI를 활용하지 못하는 기업은
10년 안에 사라진다

"30년 안에 타임지 표지에 최고의 경영자로 로봇이 등장할 가능성이 크다."

2017년 알리바바 창업자인 마윈은 로봇이야말로 경영자에 가장 잘 어울린다고 예상했다.[1] 로봇은 판단이 빠르고 합리적이며 인간처럼 감정에 휘둘리지 않기 때문이다. 실제로 경영자는 자신이 수행하는 업무에서 80퍼센트는 AI로 대체할 수 있다고 여긴다.[2] 이 정도 비율이면 AI가 경영자의 역할을 완전하게 대체하는 날도 멀지 않다.

AI로 인해 경영자는 매우 중요한 전환점을 맞이했다. 경영자가 AI를 어떻게 받아들이는가에 따라 기업의 생사가 갈린다고 해도 과언이 아닐 정도다. 경영자의 최대 과제는 기업의 생존이다. 경영자는 기업 생존을 위해 AI든 무엇이든 신중하게 받아들여야 한다. 시대의 흐름을 따라가지 못해 도산한 기업이 어디한둘인가.

불안한 경영자는 최고 경영자 과정에 등록한다. 국내에도 〈AI 최고 경영자 과정〉이 여럿 있다. 대학교에서 운영하는 최고 경영자 과정은 이수자에게 대학 총장 명의의 이수증을 발급하고 동창회에 가입할 자격을 준다. 이수자들은 네트워크를 형성하고 모임을 계속하면서 결속을 다진다. 국내에서 진행되고 있는 과정은 대부분 4개월 정도 기간에 20여 개 주제의 강의를 듣는다. 매회 참석하기 어려운 경영자도 많다. 비용은 천만 원에 가까운데 국내외 연수가 포함되면 추가 비용이 필요하다.

AI 최고 경영자 과정의 커리큘럼은 크게 두 개 영역으로 나눌 수 있다. AI 기술과 AI 활용이다. AI 기술은 개별 기술을 깊이 다루지는 않으며, 알고리즘과 데이터 기술의 개요를 설명하는 수준이다. 시장에 보급된 AI 서비스를 직접 사용해 보기도 한다. AI 활용은 기존 산업에 AI를 활용하는 사례를 다룬다. 금융업, 의료업, 제조업 등 AI를 활용할 수 있는 산업에는 한계가 없으나, 시장 규모가 크거나 AI 활용에서 앞서가는 산업을 주로 다룬다. 이외에도 AI를 중심에 둔 윤리, 법, 투자, 문화 등의 주제를 다루기도 한다. 강사는 대개 대학교수와 관련 기업 종사자로 구성된다. 강사는 본능적으로 가장 최근에 등장한 사례를 소개하고 싶어 한다. 다른 곳에서 듣지 못한 사례를 소개하면 강의가 알차다고 여긴다.

　최고위 과정의 장점은 다양성과 속보성에 있다. 다양한 사례를 광범위하게 다루기 때문에 최근에 어떤 일이 일어났는지 알수 있다. 최신 사례는 완성된 사례가 아니다. AI 기술은 빠른속도로 진화하고 있고 AI 시장을 지배하는 기업은 아직 등장하지 않았다. 강의에서 소개하는 최신 사례는 기존 산업에 AI를도입해서 작은 성과를 만들고 있는 초기 단계에 불과하다. 최신사례에는 완성이 아니라 미래에 거는 기대와 희망이 더 많다.시간이 충분히 지나면 사례는 어떤 결말을 맞이할지 아무도 모른다. 만약 속보성을 중시한다면 신문에 소개되는 기사를 보아야 한다. 다양성을 중시한다면 잡지에 실리는 특집을 보면 정리가 잘 되어 있다. 다양성과 속보성에 더해 해설까지 듣고 싶다면 최고위 과정은 좋은 선택이다. AI에 관한 다양한 주제를 생각하는 계기가 되고 이수자 네트워크를 만든다는 목적에 부합할 수 있다. 최고위 과정의 단점은 일관성이다. 많은 강사가 많은 주제를 다루기 때문에 강의 내용에 일관성이 없다. 강사마다다른 주제를 강의해도 일부 내용이 겹치기도 하고 상반되기도한다.

　강의에서 듣거나 언론을 통해 알게 된 최신 사례의 의미는 가설에 있다. 경영자는 최신 사례를 보면서 AI를 활용할 수 있는방법을 떠올리고 AI 경영을 위한 가설을 세운다. 경영자는 가설을 바탕으로 미래를 상상한다. 경영자의 상상은 기업의 전략이 되고 상품이 된다. 상상에서 시작해서 시장으로 이어지는 여정이 시작된다.

경영자는 가설을 세우고 AI 경영을 도입한다. AI 경영은 경영의 모든 영역에 AI를 활용해서 고객과 함께 새로운 가치를 만들어가는 전략이다. 경영자의 가설을 실현하려면 구체적으로 과제를 정의하고 해법을 찾아야 한다. 과제를 명확하게 정의할 수 있으면 해법은 얼마든지 찾을 수 있다. 대부분 과제는 해법이 한 가지가 아니다. 과제를 해결할 가능성이 있는 해법을 모두 나열하고 우리에게 가장 최적인 해법을 선택한다.

AI 경영을 도입하려는 기업은 많으나 AI 경영의 전체 모습을 조감하는 경영자는 많지 않다. 많은 경영자는 마치 장님이 코끼리를 만지듯이 AI 경영을 부분적으로 이해한다. 코끼리의 코를 만지는지 다리를 만지는지에 따라 AI 경영을 이해하는 범위가 완전히 바뀐다. 지금 경영자에게는 한 손에 잡히는 미니 코끼리가 필요하다. 코끼리의 전체 모습을 조감하면서 코끼리에는 코도 있고 꼬리도 있고 다리도 있다는 특징을 이해해야 한다. 시간이 지나고 코끼리가 성장해도 특징은 변하지 않는다.

AI 경영을 도입하려는 일관성을 유지하는 최선의 도구는 교과서다. 경영자는 교과서를 보면서 AI 경영을 경영자의 관점에서 이해할 수 있다. 교과서는 비유하자면 미니 코끼리와 같다. 미니 코끼리를 보면서 코끼리의 특징을 이해하고 앞으로 얼마

AI 매니지먼트

나 크게 자랄지 예상한다.

본서는 경영자를 위한 AI 경영의 교과서를 목표로 한다. AI 경영을 도입하고 실천하려는 경영자를 위해 과제를 정의하고 해법을 찾아가는 방법을 설명한다. 당장 활용할 수 있는 방법론을 제시한다. 나아가 AI 경영을 위한 아이디어의 확산과 수렴을 지원한다.

본서의 1부는 미니 코끼리의 전체 모습을 조감하면서 코끼리의 특징을 설명한다. 경영자는 먼저 〈AI 경영 기반 평가〉에 답을 하고 무엇이 부족한지 확인한다. AI 도입을 계획하는 경영자가 느끼는 어려움은 거의 비슷하다. 기술, 데이터, 컴퓨팅, 인재 결핍을 호소한다. 네 가지 결핍을 충족하는 방법은 하나가 아니다. 어떤 방법으로 결핍을 충족해야 AI 경영에 가장 유리한지 설명한다.

2부에서는 미니 코끼리가 성장해서 밀림을 지배하는 성체 코끼리가 되기 위한 요소를 설명한다. 경영자는 먼저 〈AI 경영 성과 평가〉에 답을 하고 무엇을 채워야 하는지 확인한다. 기업마다 구체적인 전략은 다르지만, AI 경영으로 성과를 내기 위한 공통적인 요소를 설명한다. AI로 인해 산업구조가 어떻게 변하는지 먼저 살핀다. 경영에서 창조한 지식재산은 특허나 표준으로 만들어 권리를 확보해야 한다. 명시적이든 암묵적이든 퍼스트 그룹에 들어가야 시장에서 독과점을 노릴 수 있다. AI 경영으로 고객과 함께 만드는 새로운 가치는 매출 증가나 원가 절감이라는 형태로 나타나야 한다.

AI 경영을 실천하면 지금까지 중시하지 않던 과제도 의미가 변한다. 기술 관리의 중요성이 매우 커진다. AI는 민간용과 군사용으로 사용할 수 있는 이중용도 기술이다. AI의 글로벌 공급망은 디커플링으로 분단되며 정부가 통제한다. 미국은 2023년 〈국가 안보 수출법(NDAA)〉으로 이중용도 품목에 대한 수출 규제를 강화했다. 중국을 견제하려는 의도가 강하지만 미국의 국가 안보에 위협이 된다고 판단하는 모든 국가는 수출 규제 대상이 될 수 있다. 중국 역시 2023년에 〈외국 무역법〉을 개정하고 이중용도 품목의 수출 규제를 강화했다. 한국은 AI 기술만이 아니라 반도체와 전자장비처럼 이중용도 품목에 해당하는 품목이 많아 수출 규제의 당사국이다. AI는 기업의 생존만이 아니라 국가 안보를 위협하거나 예방하는 역할로 확대하고 있다.

경영자에게 가장 필요한 덕목 중의 하나는 전체 모습을 이해하는 조감 능력이다. 아무리 언론에서 최신 사례를 소개해도 경영자는 사례를 나뭇잎처럼 여겨야 한다. 나뭇잎은 산들바람이 살짝 불어도 크게 흔들린다. 나뭇잎이 흔들린다며 호들갑을 떨거나 태풍이 온다고 생각하면 안 된다. 경영자는 나뭇잎을 통해서 가지를 보고, 줄기를 보아야 한다. 땅속 깊이 들어있는 뿌리를 생각해야 한다.

어느 기업의 어느 경영자든 AI는 버릴 수 없는 과제다. AI를 활용해서 새로운 가치를 창조하지 않으면 기업의 생존이 위험

　　　　　　　　　　　　　　　　AI 매니지먼트

하다는 사실도 느끼고 있다. 느낌은 형용사나 부사의 형태로 드러난다. 경영자의 느낌을 AI 경영으로 이어가야 한다. 본서를 통해 경영자의 느낌을 명사와 동사로 표현할 수 있으면 좋겠다.

Part 2.
AI 경영을 실천한다

Part 1.

AI 경영을
도입한다

AI 경영의 서막이 올랐다. AI 경영은 경영의 모든 영역에 AI를 활용해서 고객과 함께 새로운 가치를 만들어가는 전략이다. AI 경영을 도입하려는 경영자에게는 정의해야 할 과제가 많다. 비전도 만들어야 하고 투자 규모도 정해야 한다. AI 기술의 특징을 이해하고 데이터도 확보해야 한다. AI 기술을 구현할 컴퓨팅 자원도 필요하다. 어떤 인재를 얼마나 확보할 수 있는지도 중요한 과제다. AI 경영을 위한 과제에는 단 하나의 해법이란 없다. 1부에서는 AI 경영을 도입하기 위한 과제를 정의하고 각 과제에 해법이 될만한 대안을 발굴한다. 아이디어를 확산하기 위해 경영자는 하나의 질문에 여러 개의 대안을 생각한다.

AI 매니지먼트

AI 경영 기반 평가(경영자용)

경영자는 먼저 〈AI 경영 기반 평가〉에 답을 하고 자신을 평가한다. AI 경영에 필요한 기반을 얼마나 튼튼하게 준비하고 있는지 확인할 수 있다.

(**1** 전혀 아니다. **2** 거의 아니다. **3** 애매하다. **4** 거의 그렇다. **5** 완벽하게 그렇다)

* 질문에 들어있는 '명확한' 혹은 '충분히'는 경영자의 주관적인 판단임.
* 경영자와 실무자의 판단이 다른 경우에는 경영자의 판단을 우선함.

1. AI 경영의 명확한 비전이 있나?

2. AI 기술의 특징을 명확하게 이해했나?

3. AI 경영에 필요한 데이터는 충분히 확보했나?

4. AI 경영에 필요한 디지털 전환은 충분히 완성했나?

5. AI 컴퓨팅 능력은 충분히 확보했나?

6. 기술 AI 인재는 충분히 확보했나?

7. 산업 AI 인재는 충분히 확보했나?

8. AI 리터러시 교육은 전 사원을 대상으로 하나?

9. AI 투자에 필요한 지식재산은 충분히 확보했나?

10. AI 투자 규모는 적절한가?

평가

29점 이하: AI 경영을 차분하게 준비한다.

30점 이상: AI 경영을 위한 팀을 구성한다.

40점 이상: AI 경영을 적극적으로 도입한다.

AI 매니지먼트

chapter 1.

．
．
．

어떻게 AI 경영을
준비할 것인가?

．
．
．

지금은 AI 경영 시대

AI 경영은 선택이 아니다

"AI 경영은 어떻게 추진하고 계십니까?"

"글쎄, 그게… AI를 활용하기는 해야 할 텐데, 아직 제대로 하지 못하고 있습니다."

시원하게 대답하는 경영자는 아직 드물다. AI를 경영의 모든 영역에 활용할 수 있다는 가능성은 이미 밝혀졌다. 데이터에 기반한 의사결정, 업무 수행의 효율화, 새로운 사업모델 개발 등 참고할 만한 사례도 계속 등장하고 있다. 경영자는 지금까지 AI가 어떤 기술이며 무엇을 할 수 있을지 가능성을 모색하는 데

주력했다. 지금부터는 AI 경영을 본격적으로 시작해야 한다.

AI 경영은 경영의 모든 영역에 AI를 활용해서
고객과 함께 새로운 가치를 만들어가는 전략이다.

AI 경영은 더 이상 선택이 아니다. 기업이 생존하려면 반드시 도입해야 하는 전략이다. AI 경영을 도입할 수 있는 기업은 제한이 없다. 어떤 산업에 속한 기업이든 어떤 업무를 하는 기업이든 AI 경영이 가능하다. 현실은 어떨까?

IBM이 20개국을 대상으로 설문 조사한 결과를 보면 조사 대상 기업의 42퍼센트는 AI를 경영에 활용하고 있으며, 40퍼센트는 도입을 검토하고 있다.[1] AI 서비스에 접속해서 일부 기능을 사용한다고 해서 AI 경영을 도입했다고 말하기는 어렵지만, 경영의 일부 영역에 AI 서비스를 사용하기 쉬워진 건 사실이다.

한국에서도 이미 다양한 기업에서 AI 경영을 도입하고 있다.[2] 가장 활발한 곳은 통신산업과 IT 산업에 속한 기업이다. 예를 들어 SK텔레콤과 KT는 다양한 상품을 내놓고 있다. 네이버와 카카오 역시 다양한 서비스를 제공한다. 가전산업에서는 삼성전자와 LG전자가 경쟁적으로 새로운 기능을 선보이고 있다. 제조업에서도 제조공정이나 품질검사 공정에 AI를 도입하는 기업이 늘어나고 있다.

격차를 늘리는 전략

　설문 조사나 뉴스만 보면 많은 기업이 AI 경영을 도입한 듯이 보이지만 현실은 그렇지 않다. 한국 전체를 보면 AI 경영을 도입한 기업은 1퍼센트도 안 된다.[3] 한국 정부는 이 비율을 2030년까지 30퍼센트로 올리고 글로벌 수준의 산업 AI 공급기업을 100개 육성하겠다는 계획이다. 산업 AI 공급기업은 특정 산업에 AI를 활용해서 문제를 해결하는 솔루션을 제공하는 기업이다. AI도 알고 특정 산업도 알아야 솔루션을 만들 수 있어 진입 장벽이 높다. 현실은 계획대로 되지 않고 산업 AI 공급기업은 늘어나지 않고 있다.[4] 일본도 비슷한 실정이다. AI 경영을 도입한 비율은 전체 기업의 1퍼센트 수준이다.[5] AI를 경영에 활용하지 못하도록 사용을 금지하는 기업이 오히려 더 많아 3퍼센트 수준에 달한다. AI를 활용하는 방법이 애매하며 정보 유출 등 보안이 충분하지 않다는 이유에서다.

　대기업과 중소기업의 격차도 크게 벌어지고 있다. 한국의 중소기업은 95퍼센트가 AI 경영을 엄두조차 내지 못하고 있다.[6] 앞으로 AI를 활용하겠다는 중소기업도 16퍼센트에 불과하다. 중소기업의 경영자는 AI를 활용하지 않는 이유로 지식이 없어서라고 말한다. AI가 어떤 기술인지 모르니 AI 경영이 왜 필요한지 모른다. AI 경영을 시작하고 싶어도 어떻게 시작하면 좋을지 방법을 모른다. 이런 이유로, 중소기업 경영자의 80퍼센트는

　　　　　　　　　　　　　　　　　　　AI 매니지먼트

AI 경영이 필요하지 않다고 답한다.

필요 없으면 투자도 없다. AI 기술을 적용할 수 있는 단계에 도달할 때까지 투자할 수 있는 금액으로 천만 원 수준을 고려하는 중소기업이 많다.[7] 필요한 예산의 20퍼센트 이하만 자기 부담할 수 있다는 곳이 대부분이다. AI 경영에 필요한 인재는 외부로 아웃소싱하겠다는 비율과 기존의 기술 인재를 활용하겠다는 비율이 거의 반반이다. 매출 10억 원 미만인 기업은 아웃소싱을 원하며 10억 원 이상인 기업은 기존에 보유한 기술 인재를 활용하려는 곳이 많다.

AI 경영을 도입했다는 수치는 설문 조사마다 다르지만, 공통점도 있다. 아직도 많은 기업에서 AI 경영을 제대로 시작조차 하지 못했다는 점이다. AI 경영을 도입한 기업에서도 눈에 띄는 큰 성과를 만든 사례가 드물다. AI 경영을 도입하면 새로운 가치를 창출해서 매출이 증가했다거나 업무를 효율적으로 처리해서 원가를 절감했다는 식으로 눈에 보이는 성과를 만들어야 한다. 현재 AI 경영의 시선은 상품과 서비스 개발에 머물며 일부 업무의 처리 방식을 효율화하는 정도에 머물러 있다.

이는 한국에만 국한된 현상이 아니다. 한·중·일 경영자를 대상으로 조사한 결과를 보면 기업에서 AI를 활용하는 범위는 일부 업무의 효율 개선과 생산성 향상에 머물며 새로운 사업모델을 개발하거나 전사 차원의 혁신적인 변화로는 이어지지 않고 있다.[8] 인간이 하던 업무를 AI로 대체해도 그 업무에 종사하던 인간을 직무 전환하기도 어렵고 해고할 수도 없기에 AI 경영의 성과를 만들기 어렵다는 이유도 있다.

이런 실정이다 보니 AI를 기회가 아니라 리스크로 여기는 기업이 많다. 매출 순위로 글로벌 상위 500위에 들어가는 포춘 500대 기업도 마찬가지다. AI로 인해 새로운 기회가 생긴다고 보는 기업은 전체의 30퍼센트 수준에 불과하다.[9] 이에 비해 AI를 잠재적인 사업 리스크로 보는 기업은 2022년 9퍼센트에서 2024년 56퍼센트로 오히려 증가했다. 특히 미디어 엔터테인먼트 기업 및 소프트웨어 기업과 기술기업에서는 AI를 리스크로 여기는 비율이 80퍼센트 이상으로 매우 높다.

목표는 원대하게

"AI 시대가 시작되었다."

2023년 빌 게이츠는 자신의 블로그에서 이렇게 선언했다.[10] 그는 혁명적이라고 느낀 기술 데모를 지금까지 두 번 보았다고 말한다. 처음 본 기술 혁명은 1980년 그래픽 사용자 인터페이스다. 게이츠는 이 기술을 활용해서 상품을 개발하고 시장을 확장해서 IT 시대를 석권했다. 게이츠가 놀란 두 번째 기술 데모는 2022년 오픈AI에서 보았던 생성형 AI 모델인 GPT다. 이 기술은 마이크로프로세서, 개인용 컴퓨터, 인터넷, 휴대전화만큼 근본적인 변화를 가져와서 사람들이 일하고, 배우고, 여행하고, 치료받고, 소통하는 방식을 바꿀 수 있다고 느꼈다.

IT 시대를 석권한 마이크로소프트의 창업자 빌 게이츠가 이 제부터 'AI 시대'라고 선언하면 어떤 경영자든 신경이 쓰일 수밖에 없다.

"우리가 가장 먼저 AI 경영을 도입해야 할 필요는 없다."

하지만 현실적인 결핍을 핑계로 대며 도입을 뒤로 미루는 경영자도 있다. AI 경영은 도입이 늦을수록 리스크는 커진다. 우리가 먼저 시작하지 않으면 반드시 다른 기업이 시작하거나 새로운 경쟁자가 먼저 시작하기 때문에 경쟁에서 뒤처진다. AI 경영을 먼저 시작한 기업은 AI 기술과 데이터를 업무에 활용하고 성과를 만드는 구조를 만든다. 나중에 시작하는 기업은 먼저 시작한 기업을 따라가기 어렵고 격차는 점점 더 크게 벌어진다.

AI 경영을 도입한 기업에서는 AI가 일부 업무에서 인간의 활동을 대체하는 정도에 그치지 않고 경영의 개념을 송두리째 바꾼다. AI 경영을 도입하면 예를 들어 원가 구조도 크게 변한다. 기업에서 인간이 하는 업무는 하나씩 AI가 대체한다. AI는 범용 기술이며 어디에나 사용할 수 있는 엔진과 같아서 인간을 대체하지 못할 업무는 거의 없다. 하지만 AI 경영을 도입한다고 해서 처음부터 인간이 하는 업무를 AI가 완전히 대체하지는 못한다. 체계화되고 단순 반복하는 업무부터 순차적으로 인간의 작업을 AI로 대체해야 효율이 높다. 그 결과, 원가에서 큰 비중을 차지하던 인건비는 크게 줄어든다. 급여는 물론이고 사무실 임대료, 수도 광열비, 교통비, 회의비, 접대비, 복리후생비, 출장비가 줄어든다. 줄어드는 인건비는 클라우드 컴퓨팅 플랫폼을 사용하는 비용이나 AI 시스템 개발비에 투자한다.

물론 한계는 있다. 지금까지 인간이 업무를 처리하던 방식을 그대로 고수하면서 AI가 인간을 대체하면 큰 의미는 없다. 인간이 주체가 되면 AI는 인간을 보조하는 형태가 된다. AI가 인간 곁에 있기만 해도 인간이 일하는 방식은 크게 변하지만, AI 경영의 목표는 더욱 원대하다. AI의 생산성을 높이려면 업무 처리 과정을 AI 중심으로 재편한다. AI 중심으로 업무 처리 방식을 바꾸면 AI가 처리하지 못하는 업무만 인간이 수행한다.

경영자의 상상에서 시작한다

세상이 어떻게 변하고 있는지 모를 리 없는 경영자는 내심 초조하다. AI를 활용해서 당장 무엇인가를 시작하고 싶지만 무엇을 어떻게 해야 할지 몰라 난감하다. AI 경영을 도입하기 위해 무엇을 준비해야 할지 모르고 도입하는 순서도 모른다. 벤치마킹할 만한 사례가 있는지도 궁금하다. AI가 새로운 사업 기회로 이어질 수 있다는 기대감이 크지만 두려움 역시 크다. AI를 활용하지 못하면 기업은 생존하지 못하고 사라진다는 두려움이다.

AI 경영으로 기업이 어떻게 변할지 경영자는 자신의 머릿속에서 상상해야 한다. AI 경영은 기업은 물론이고 사회가 움직이는 방식도 크게 바꾸겠지만 구체적으로 어떻게 변할지 미래는 아무도 모른다. 3년 정도 미래는 현재 상황에서 어느 정도 연속으로 이어질 수 있지만 10년 이상 미래에 대한 예측은 대부분 불연속이며 희망에 불과하다. AI 경영의 미래 모습은 경영자의 상상과 희망에 근거하는 부분이 많을 수밖에 없다.

경영자는 경영자만의 관점에서 AI 경영이 기업과 사회에 어떤 변화를 가져올지 상상해야 한다. 경영자는 미래를 상상하면서 불연속 변화에 대응하는 전략을 세우고 구체적으로 실행하는 순서를 정해야 한다. 현재 내린 의사결정은 미래에 성과로 드러난다. 그래서, 경영의 시제는 언제나 미래다. 경영자의 발은 현재를 딛고 있지만 경영자의 머릿속은 미래에 있다. AI 경영의 서막이 올랐으나 무대는 아직 비어 있다. 무대는 경영자를 기다리고 있다.

2.

가장 먼저 비전을 만들라

경영자의 비전

"모바일 퍼스트에서 AI 퍼스트로 이동합니다."

2017년 구글의 CEO인 순다르 피차이는 AI 경영을 선언했다.[11]

"첫째도 AI, 둘째도 AI, 셋째도 AI입니다."

소프트뱅크의 손정의 회장은 앞으로는 AI에 집중해야 한다고 강조했다.[12]

"AI를 주도하는 국가는 세계를 지배한다."

러시아의 블라디미르 푸틴 대통령은 위성 연결을 통해 러시아 전역의 100만 명 이상의 학생들에게 연설하면서 AI는 인류

의 미래라는 점을 강조했다.[13]

AI는 산업과 일상에 깊숙이 침투해서 새로운 시대를 만들지만 그게 어떤 모습이며 세상은 어떻게 변할지 현재의 상식으로는 알 수 없다. 이런 때에 경영자의 간결한 한마디는 강력한 나침반이 된다. 어떤 환경에서도 AI 경영이 나아가는 방향을 잃어버리지 않도록 돕는다.

경영자가 어떤 나침반을 가졌는지는 비전으로 드러난다. AI 경영을 시작하는 경영자는 가장 먼저 비전을 만들어야 한다. 비전이 없으면 AI 경영으로 무엇을 하고 싶은지 목표를 명확하게 말하지 못한다. 목표가 없는 경영은 항구가 없는 배와 같다. 망망대해를 끝없이 떠돌다가 죽는다. 경영자는 가장 먼저 비전을 만들고 AI 경영이 목표로 삼아 나아가야 할 방향을 정한다.

"왜 AI 경영을 도입해야 하는지 나를 설득해 봐."

실무자에게 이렇게 요구하는 경영자도 있다. 기업에서 혁신을 시도하면 반드시 이에 저항하는 세력이 있다. 현실에 안주하고 싶은 경영자는 스스로 혁신에 저항한다. 그러므로 비전은 누구보다 경영자 자신에게 가장 필요하다. 경영자는 비전을 통해서 기업이 나아가야 하는 방향을 제시한다. 기업의 구성원은 비전을 통해서 기업의 미래 모습을 상상하고 꿈을 공유한다. 비전을 암묵적으로 공유한다는 기업도 있지만 기업의 비전은 간결한 표현으로 고객과 공유해야 한다. 기업과 고객이 함께해야 비전이 실현된다.

경영자만 답할 수 있는 질문

"AI로 무엇을 할 수 있습니까?"

모든 경영자가 AI 경영의 비전을 간결하게 만들면 좋겠지만 현실은 그렇지 않다. 비전을 만들지 못하는 경영자가 훨씬 더 많다. 비전을 만들라고 하면 AI 기술에 집중한 질문을 하는 경영자가 많다. AI 기술을 모르니 AI로 무엇을 할 수 있는지도 모른다는 핑계다. 경영자 중에 AI 기술에 정통한 사람이 얼마나 될까. 경영자는 구체적인 기술을 몰라도 얼마든지 비전을 만들 수 있다.

"데이터도 없고 인재도 없어도 될까요?"

이런 질문 역시 결핍에 집중한 질문이다. 결핍을 핑계 삼아 AI 경영을 하지 못하는 이유를 만든다. AI 경영의 비전을 만들려면 경영자는 가장 먼저 자신에게 이런 질문을 해야 한다. 경영자만 답할 수 있는 질문이다.

"우리는 어떤 기업이 되고 싶은가?"

역설적이지만 AI 경영의 비전을 만드는 첫 번째 질문에는 AI가 없다. 이 질문에 대해 테슬라는 "지속 가능한 에너지로 전환한다"라고 대답한다. 넷플릭스는 "언제 어디서나 좋아하는 영화를 본다"라고 말한다. 만약 이 질문에 대답하기 어렵다면 반대로 질문할 수도 있다.

"우리는 어떤 기업은 되기 싫은가?"

이 질문에 구글은 이렇게 대답한다.

"악마는 되지 말자."

AI는 전기나 인터넷 같은 범용 기술이다. 기술 자체가 AI 경영의 비전이 될 수는 없다. 그럼에도 불구하고 AI에 초점을 맞춘다면, 예를 들어 다음과 같은 질문에 경영자의 관점에서 대답할 수 있어야 한다.

① AI 기술을 이해하는 질문

　　AI 기술은 근본적으로 어떤 기술인가?

　　AI 기술은 무엇이 가능할까?

　　AI는 무엇까지 인식할 수 있을까?

　　AI는 스스로 판단할 수 있을까?

　　AI는 스스로 행동할 수 있을까?

　　AI 기술은 앞으로 어떻게 진화할까?

② AI 시대를 상상하는 질문

　　AI 시대는 정말 시작되었나?

　　AI가 만드는 미래는 어떤 세상일까?

　　AI로 인간은 더욱 행복해질까?

　　AI는 인간의 행복과 불행이라는 감정을 어떻게 해결할까?

AI로 인해 산업은 어떻게 변할까?

③AI 경영의 목표를 세우는 질문

AI를 활용해서 나는 무엇을 하고 싶은가?

AI는 경영자에게 어떤 의미가 있는가?

AI는 경영자를 대체할 수 있을까?

AI 경영을 한다면 앞으로 5년, 10년 동안 무엇을 어떻게 할까?

AI가 스스로 경영의 비전을 설정할 수 있을까?

AI 경영의 비전은 단순히 기술을 많이 안다고 해서 만들지 못한다. 경영자로서 경험이 많다고 해서 저절로 생기지도 않는다. AI로 인해 파괴적인 혁신이 일어나고 새로운 상식이 등장하기 때문이다. 시대를 바꿀 정도로 큰 변화는 파괴적인 혁신으로 시작되어 불연속으로 변화하는 경우가 많다. 불연속 변화는 한 치 앞도 예측하기 어렵다. 경영자는 AI가 만드는 변화의 가장 앞에 서야 한다. 경영자는 불연속 변화를 당연하게 받아들이고 적극적으로 변화에 적응해야 한다. 경영자는 먼저 AI가 만드는 미래를 폭넓게 상상하고 구체적인 경영 전략을 세워 미래를 향해야 한다.

비전은 가장 먼저 만들어야 하지만 아직 생각이 정리되지 않았다면, 본서를 다 읽고 난 후에 비전을 만들자.

AI 매니지먼트

필요한 자원을 채우라

"AI 경영을 왜 제대로 시작하지 못하십니까?"

"저희가 사실은 기술도 없고 인재도 부족하고⋯."

경영자마다 대답은 약간 다르지만 크게 보면 대개 네 가지 자원을 강조한다.

AI 경영의 자원 = 기술, 데이터, 컴퓨팅, 인재.

"AI 경영의 자원은 지금까지 전혀 느끼지 못했던 요소입니까?"

"기술과 인재는 언제나 필요하다고 느끼는 자원입니다. 컴퓨팅 능력은 지금도 클라우드 플랫폼으로 해결하고 있습니다. 다양한 데이터를 계속해서 확보한다는 정도가 어렵다고 하겠네요."

결핍을 아쉬워하는 경영자에게 되물어보면 대답은 거의 비슷하다. AI 경영에 필요한 자원이지만 기업에서 충분히 갖추지 못했다고 아쉬워하는 결핍은 경영자라면 누구나 느끼는 문제다. 사실, AI 경영에 필요한 자원은 과거와 크게 다르지 않다. 인재도 그렇다.

어느 시대나 경영자는 인재가 부족하다고 말한다. 특히 새로운 시대가 시작하는 시기에는 인재가 부족할 수밖에 없다. AI 경영 역시 가장 충족하기 어려운 자원은 인재다. AI 경영에 즉시 활용할 수 있는 만큼 충분한 인재가 없다. AI 시대가 시작하는 시점에 인재가 넘쳐난다면 그게 오히려 더 이상하다. AI만이 아니라 경영에 필요한 인재는 오랜 시간에 걸쳐 체계적으로 확보해야 하는 자원이다. 인재는 기업이 개별적으로 노력하는 정도로는 해결되지 않는다. 산학협력을 포함해서 국가 차원에서 중장기적으로 해결해야 한다.

인재 이외의 자원 결핍을 채우는 방법은 의외로 어렵지 않다. AI 기술은 내부에서 개발하거나 외부 파트너와 협력해서 확보한다. AI에 필요한 데이터는 내부에서 수집하거나 비용을 지불하고 외부에서 구매한다. 데이터 종류는 문자, 숫자, 영상, 화상, 음성 등 다양하다. 컴퓨팅 능력을 충족하기 위해 대부분 기업은 빅테크가 제공하는 클라우드 컴퓨팅 플랫폼을 활용한다. 기업 내부에 보유하려면 너무 많은 투자가 필요하기 때문이다.

인재가 있으면서 기술도 있고 데이터도 있는 기업은 AI 경영을 지금 즉시 시작할 수 있다. 데이터가 있는 기업은 기술을 가진 기업과 협력하면 AI 경영을 시작할 수 있다. 기술만 가진 기업은 데이터를 확보할 때까지 시간이 걸린다. 데이터도 없고 기술도 없는 기업은 AI 경영의 첫걸음을 떼기 위해 데이터에서 시작한다.

경영자의 관점에서 기술, 데이터, 컴퓨팅, 인재를 하나씩 살펴보자. 다음 장에서는 먼저 기술부터 시작한다. AI 경영을 생각할 때 경영자들이 가장 먼저 어려움을 호소하는 자원이 바로 기술이기 때문이다. AI만이 아니라 어떤 기술이라도 경영자가 상세하게 알 필요는 없다. 하지만 기술을 크고 넓게 보는 능력은 필요하다. AI 기술이 어떤 특징을 가졌는지 알면 기술이 진화하는 방향도 예상할 수 있다. 경영자는 하나하나의 기술을 상세하게 알려고 노력할 필요는 없다. "이런 기술이구나"라며 특징을 이해하는 정도면 충분하다.

chapter 2

AI 기술의 특징을
이해하라

전체 모습을 조감한다

AI 기술을 조감하는 능력

"이곳에는 강이 있고 도로는 이렇게 연결되는구나, 이제 좀 이해가 되네."

낯선 곳에 가면 동서남북을 모르니 길을 헤매기 쉽다. 이런 때 지도를 보면 어느 정도 지리 감각이 생긴다. 등산을 가면 입구에 반드시 지도를 세워놓는 이유가 바로 여기에 있다. 지도를 머릿속에 넣고 있으면 산에서 길을 잃을 위험이 조금이라도 줄어들기 때문이다.

AI 기술도 마찬가지다. 하루가 멀다며 새로운 기술이 등장하고 있는데 경영자가 모든 기술을 구체적으로 알아야 한다는 마음은 버려야 한다. 그 대신, AI 기술 전체는 어떤 범위에 들어있는지 조감하는 능력이 필요하다. 그러면 새로운 기술이 등장해도 이 기술이 차지하는 위치를 알 수 있다.

AI 기술을 조감하기 위해 가장 좋은 지도는 〈기술 분류표〉이다. 복잡한 문제가 있으면 인간은 본능적으로 분류한다. 분류는 대부분 톱다운방식으로 이루어진다. 위에서 아래로 내려갈수록 분류 대상은 작거나 적어진다. AI 기술을 분류하는 기준은 여럿 있지만 아래에서는 〈ICT 표준화 로드맵〉을 이용한다.[1] 표준화 로드맵은 AI 기술과 국제 표준의 차이를 적게 하려는 목적으로 4개 중분류와 29개 소분류로 분류한다.

AI 기술 중분류와 소분류

(1) AI 기반
인지: 시각지능, 언어지능, 청각지능, 후각지능, 미각지능, 촉각지능, 뇌인지지능, 다중감각지능

학습: 지도학습, 비지도학습, 강화학습, 자기지도학습, 일반 심층학습, 전이학습, 메타학습, 멀티모달학습, 평생학습

추론: 지식처리, 지식표현, 지식추론, 지식생성, 상식생성

상황이해: 감성지능, 공간지능, 행동이해, 상황판단

소셜: 복합 대화지능, 협업지능

(2) AI 관리

AI 신뢰: 견고성, 공정성, 투명성, 설명 가능성

AI 윤리: 윤리 참조모델, 윤리정책 플랫폼, 윤리기준, 윤리 실천 방안

AI 거버넌스: 기술 거버넌스, 윤리 거버넌스, 사회적/법적 거버넌스, 프라이버시 거버넌스, 데이터 거버넌스

AI 평가: 평가 절차, 평가 지표(시스템 성능 평가, 시스템 품질 평가)

AI 생애주기: 데이터 전처리, 모델 학습, 모델 평가, 모델 서비스

AI 응용 분석: 산업 분류, 표준화 동향 분석

(3) AI 시스템

AI 모델: 모델 경량화, 모델 호환성, 컴퓨테이셔널 모델, 연합학습모델

AI 데이터: 학습 데이터, 평가 데이터, 영상 익명화, 언어 익명화

AI 운영: 단일 추론 시스템, 연합 추론 시스템

뇌 컴퓨팅: 뇌-컴퓨터 인터페이스

(4) AI 응용서비스

기반 서비스 지능화: 클라우드 컴퓨팅 지능화, 통신/네트워크 지능화, 보안 지능화

융합 서비스 지능화: 의료/헬스케어 지능화, 멀티미디어 지능화, 자율자동차 지능화, 로봇 지능화, 반도체 지능

화, 무인기 지능화, 스마트시티/사물 인터넷
지능화, 스마트 공장 지능화, 스마트 팜 지능
화, 환경/에너지 지능화, 스마트교육 지능화

자율을 지향한다

자율이란 무엇인가?

인간이 업무를 수행하는 과정은 인식하고, 판단하고, 행동하는 과정의 무한 반복이다. 이 과정은 지금까지 인간만이 할 수 있었지만 지금은 AI가 하나씩 대체하고 있다. AI가 인간 대신 인식하고, 판단하고, 행동하기 시작했다. 인간은 어느 정도 경험을 쌓으면 업무를 자율적으로 처리한다. 스스로 원칙을 세우거나 스스로 통제한다.

인간은 자율을 원하는데 AI 역시 인간처럼 자율을 지향한다. AI가 자율을 지향하려면 많은 기술이 모여서 융합해야 한다. AI

를 중심으로 센서, 사물 인터넷, 통신, 하드웨어, 소프트웨어 기술 등 현재 사용할 수 있는 거의 모든 기술이 필요하다. 이 중에서 하나라도 제대로 기능하지 못하면 자율이 가능하지 않다.

$$자율 = 인식 \times 판단 \times 행동$$

본서에서는 자율을 인식, 판단, 행동의 곱셈으로 정의한다. 하나라도 제로가 되면 자율은 제로가 된다는 의미로 곱셈을 사용한다. 인식 능력이 완벽하게 1이고 행동 능력 역시 완벽하게 1이라도 판단 능력이 모자라 0.5가 되면 자율은 $1 \times 1 \times 0.5 = 0.5$가 된다. 인식 능력이 1이고 판단 능력이 1이라도 행동 능력이 전혀 없이 0이라면 자율은 0이다. 인식하고 판단하고 행동하는 능력을 동시에 충족해야 완전한 자율이 가능하다는 의미다.

AI가 완전한 자율이 되면 지금까지 인간이 처리하던 업무를 AI가 인간을 대체해서 자율적으로 처리한다. 예를 들어 금융기관에서는 AI가 실시간으로 고객의 카드 사용 내역을 인식한다. 사용이 정당한지 AI가 판단한다. 만약 부정 사용이라고 판단하면 AI는 소프트웨어에 명령해서 카드 사용을 승인하지 않는다. 혹은 하드웨어에 명령해서 현금인출기 작동을 금지한다. 이 과정은 연속으로 돌아가며 인식, 판단, 실행의 주체는 어디까지나 AI에 한정된다. 인간은 일부 업무에서 AI를 보조하거나 보완할 수 있지만 주체는 아니다.

AI가 상황을 인식한다

센서, 사물 인터넷, 우주 인터넷, 위성 네트워크, 레이저를 사용해서 데이터를 수집하고 AI가 상황을 인식한다. 인식은 패턴 인식, 이미지 인식, 생체 인식, 객체 인식 등이 있는데 검색, 탐지, 식별, 추적도 인식에 포함된다. 상황을 인식하려면 센서가 수집한 데이터와 미리 정의된 패턴을 비교하는 패턴 인식을 많이 사용한다. 이미 경험한 적이 있는 상황은 과거의 패턴과 쉽게 비교할 수 있지만 처음 대하는 상황은 인식에 어려움이 있다. 인식한 결과는 판단에 필요한 입력이 된다. 인식해야 하는 상황은 대부분 복잡하며 계속 변하는 경우도 많다. 센서는 인간의 오감처럼 유연하게 활용하는 수준으로 진화하고 있지만 하나의 센서로 상황 전체를 인식할 능력은 아직 부족하다. 하나의 센서로는 상황의 일부만 인식하며 여러 개의 센서를 묶어 전체를 인식한다.

AI가 상황을 인식하는 방법은 인간과 다르다. 이런 특징을 카네기멜론대학교 한스 모라벡 교수는 AI의 역설이라고 한다. 인간이 인식하기 어려운 문제를 AI는 쉽게 인식한다. 반대로 인간에게 쉬운 상황은 오히려 AI는 쉽게 인식하지 못한다. 인간은 사진을 보고도 인식하지 못하는 특징을 AI는 쉽게 인식한다.

인간 대신 판단한다

"AI가 왜 이렇게 판단했는지 도대체 알 수가 없네…."

앞으로 많이 듣게 될 최대의 클레임이다. AI는 학습을 반복하면서 판단하는 능력을 키운다. AI는 적절하게 판단하기 위해 미래 시나리오를 여러 개 만들고 각각 확률을 계산한다. 효과를 최대화하고 실패를 최소화하는 확률이다. 판단의 결과는 예를 들어 매출과 수요 예측, 경제 지표 예측, 선거 결과 예측, 리스크 예측, 질병 리스크 평가, 고객 니즈 추정, 판매 시기의 최적화가 있다.

AI가 판단하는 방식은 크게 두 가지로 나뉜다. 반사 방식과 최적화 방식이다.[2] 반사 방식은 단순 반사와 모델 반사로 구분된다. 단순 반사는 과거의 인식 결과를 무시하고 현재의 인식에 기반해서 판단한다. 어떤 조건이면 어떤 행동을 하라는 규칙을 정한다. 모델 반사는 수학식으로 규칙을 만든다. 최적화 방식은 전체 최적과 부분 최적으로 구분한다. 인간은 부분 최적은 잘하지만, 전체 최적은 하기 어렵다. AI는 전체 최적을 위해서 행동의 결과를 평가하고 목표를 달성할 수 있는 확률을 계산한다.

AI는 무작위로 판단할 수도 있다. 예를 들어, 청소 로봇은 장애물을 만나면 무작위로 왼쪽이나 오른쪽으로 방향을 튼다. 무작위 알고리즘을 사용하면 청소 로봇이 할 수 있는 모든 행동을 평가하지 않고 간단하게 판단할 수 있다. 무작위 알고리즘은 반사 방식과 최적화 방식에 모두 사용된다.

인식이 같아도 판단은 다를 수 있다. 같은 상황에서 AI의 판단이 항상 같지는 않다. 예를 들어 AI가 과거에 인식했던 상황과 현재 인식한 상황이 똑같다고 해도 현재 시점에 AI가 내리는 판단은 과거의 판단과 다를 수 있다. 그동안 판단하는 기준이 바뀌었을 수도 있기 때문이다.

AI가 판단할 때 인간이 정한 기준으로 판단할 수도 있지만 스스로 정한 기준에 따를 수도 있다. AI가 판단하는 기준은 자율에서 가장 어렵고 중요한 문제다. AI가 임의로 정한 알고리즘으로 판단하면 마치 블랙박스처럼 인간은 판단의 이유를 모른다. 예를 들어 특정 사원의 퇴사 확률을 AI에 물어본다. AI는 확률로 답을 하지만 어떤 기준으로 계산했는지 인간은 모른다. 인간이 기준을 모르면 AI에 대한 통제력을 상실한다.

완전한 자율이라면 AI만 판단한다. 인간은 AI의 판단에 일절 개입할 수 없으므로 AI가 왜 그렇게 판단하는지 인간은 이유를 모른다. AI가 어떤 기준을 왜 정했는지 인간이 모르면 곤란하다. 예를 들어 갈림길에서 AI가 자율 주행차에 왼쪽으로 진행하라고 명령했다 하더라도 인간은 그 이유를 모를 수 있다. AI 역시 제대로 이유를 설명하지 못할 수 있다.

AI가 어떤 기준으로 판단하는지 인간은 이유를 모르기 때문에 AI 윤리 문제가 필연적으로 발생한다. 예를 들어 편견, 차별, 개인정보 침해가 자주 거론된다. AI가 판단하는 기준을 명확하게 정하고 윤리지침을 만들 수 있다면 문제가 없다. 원론적으로 생각하면 AI가 인간의 가치관과 도덕관에 따르도록 하면 된다. 인간은 차별, 편견, 공평, 투명에 관한 윤리 기준을 정한다. 하지만 이런 작업은 현실적으로는 불가능하다. AI가 학습할 수 있도록 인간이 미리 모든 기준을 명확하게 정의할 수는 없다.

앞으로 AI가 인간을 대체해서 많은 상황을 판단하게 될 터인데, AI가 편견으로 판단하면 큰 혼란이 일어난다. 현재 시점에서 AI 윤리에 가장 책임이 큰 주체는 빅테크다. 빅테크는 시장에서 독점적인 지위를 유지하기 위해 AI 윤리를 등한시한다는 비판을 받는다.

빅테크가 AI 모델을 개발하는 과정에 어떤 절차를 거치는지 공개하지 않는다. 어떤 데이터로 모델을 훈련 시켰는지도 비밀이라며 공개하지 않는다. 데이터에 편견이 있으면 이 데이터를 학습한 AI 모델 역시 편견으로 판단할 가능성이 크다. AI는 상황 인식에 기반해서 판단하는데, 이것이 적절한지는 명확하지 않다. AI가 내리는 판단이 인간 윤리와 어긋나지 않고 법률을 준수하는지 인간과 다른 AI 모델이 검증한다.

AI가 제대로 판단하지 못했다면 거기에는 예상되는 이유가 있다.

- **인식의 어려움:** 인식한 결과는 판단을 위한 입력이 되므로 인식이 잘못되었다면 판단도 잘못될 수밖에 없다. 센서가 수집

한 데이터가 잘못되었다면 AI도 잘못 인식한다.

- **판단의 어려움:** 판단하려면 행동의 결과를 예상해야 하는데 확률로 계산할 수 없다면 판단하기 어렵다. 판단하기 위해서 순차적으로 추론하거나 경우의 수가 많을수록 더 많이 계산해야 하니 더 많은 컴퓨팅 자원이 필요하다. 컴퓨팅 자원과 처리기술에 따라 AI가 판단하는 속도가 달라진다.
- **행동의 어려움:** AI가 판단한 결과는 기계에 내리는 명령으로 이어진다. 하나의 기계가 행동하려면 다른 기계나 인간과 협력해야 할 때도 있다. 이때 상대방 기계나 인간의 행동을 예측하기 어렵다면 판단에 제약이 걸린다. 이런 이유로 같은 상황에서도 AI마다 판단이 다를 수 있다.

미국 자동차 공학회는 SAE J3016 표준에서 자율을 단계별로 구분한다.[3] 자율의 각 단계를 판단 주체에 따라 이해할 수 있다.

레벨 0: 인간만 판단한다.
레벨 1: 인간만 판단한다. AI는 일부 기능에서 인간을 보조한다.
레벨 2: 인간이 주로 판단한다. AI는 일부 범위에서 판단할 수 있다.
레벨 3: AI가 주로 판단한다. 인간은 AI가 판단하기 어려운 경우에만 판단한다.
레벨 4: AI가 대부분 판단한다. 인간은 거의 판단하지 않는다.
레벨 5: AI만 판단한다.

2024년 미국 정부는 레벨 3 이상의 자율 주행차에서 중국제 소프트웨어 사용을 금지하기로 했다.[4] 미국은 중국 소프트웨어 사용은 2027년 모델부터 금지하고 하드웨어는 2030년 모델부터 적용한다. 왜 하필 레벨 3일까?

이유는 AI에 있다. 레벨 3부터 AI가 상황을 판단하는 주체로 등장하기 때문이다. 레벨 3은 조건부 자율이다. 고속도로처럼 범위를 정하고 이 범위 내에서는 대부분 AI가 판단한다. 인간은 자동차 운행 중에 영화를 보거나 스마트폰을 사용해도 좋다. 미국 정부는 중국 기업이 제조한 자율 주행차가 미국 도로에서 시험 주행하는 경우 금지 조항을 적용한다. 중국 AI가 미국에서 데이터 수집하는 활동을 금지하려는 의도에서다.

AI는 행동을 명령한다

AI는 자신이 내린 판단에 근거해서 기계에 행동하라고 명령한다. 기계는 하드웨어도 있고 소프트웨어도 있다. 기계는 명령받은 대로 물리 세계에서나 사이버 세계에서 행동한다. 물리 세계에는 로봇, 자동차, 선박, 드론, 우주선, 무기가 있다. AI가 명령한 대로 기계가 이동하면 자율 주행차, 화물을 운반하면 자율 열차, 제조하면 자율 공장, 타격하면 자율무기다.

사이버 세계에는 소프트웨어가 있다. 생성형 AI가 등장하면서 소프트웨어가 할 수 있는 행동이 크게 늘었다. 생성형 AI는 음악, 그림, 영상, 문장, 대화 등 다양한 데이터를 생성한다. 예를 들어 AI가 스스로 그림을 그리거나 개인 맞춤형 광고, 상품 추천, 검색 연동 광고, 문장 요약, 문장 작성, 작곡, 일러스트 작성, 디자인, 건축 설계, 클레임 처리를 실행한다.

기계가 행동하는 방법과 순서는 AI가 명령한다. 명령이 같다고 해서 행동이 항상 같지는 않다. AI가 명령한 대로 행동하려고 해도 기계가 고장 나서 멈출 수도 있고 행동에 오차가 있을 수도 있다. 행동은 여러 기계가 협업할 수 있다. 로봇은 수십 개체가 떼를 지어 함께 다니며 시설을 검사하거나 국경을 감시한다. 드론은 수백 개체가 떼를 지어 비행하다가 적의 드론을 포위하고 충돌해서 파괴한다. 드론과 로봇이 협업해서 현장을 순회하면서 사고가 났는지 점검한다.

하드웨어와 소프트웨어가 협업할 수도 있어 물리 세계는 사이버 세계에 자신과 똑같은 디지털 트윈을 만든다. 하드웨어가 떼를 지어 활동하면 AI는 중앙집중 방식 또는 분산 방식으로 하드웨어의 행동을 통제한다. 소프트웨어와 소프트웨어가 협업해서 악성 프로그램을 차단할 수 있다.

행동이 복잡하면 몇 단계로 나누고 각 단계가 끝날 때마다 AI는 상황이 어떻게 변했는지 인식하고 다시 판단한다. 기계가 똑같은 행동을 하더라도 항상 똑같은 효과를 만들지는 않기 때문이다. AI는 인간과도 협업한다. 예를 들어 인간 조종사와 AI가 함께 전투기 편대를 형성하고 공중전을 벌인다면 AI는 인간 조종사를 돕거나 대체할 수 있다. 기계가 다른 기계와 협업할 때는 기계어를 사용하지만, 인간과 협업할 때는 자연어를 사용한다. 이 과정에서 인간이 AI에 명령할 수 있고 거꾸로 AI가 인간에게 명령할 수도 있다. 매우 짧은 시간에 많은 행동을 해야 한다면 AI는 인간과 협업하지 않는다.

자율을 지향하는 상품

AI가 완전 자율이 되면 지금은 생각지도 못하는 상품이 등장하겠지만 예를 들어 다음과 같은 상품도 가능할 전망이다.

- **자율 폰:** 스마트폰으로 사진을 찍으면 일부 기능은 AI가 판단하고 스스로 보정하지만, 근본적으로 사진을 찍을지 여부는 인간이 판단한다. 자율 폰은 사진을 찍을지 여부도 AI가 판단한다. 예를 들어, 갑자기 사고가 나면 인간은 사진 찍을 정신이 없다. 신체를 움직이기 어려울 수도 있다. 자율 폰은 AI가 판단해서 사진을 찍는다. 사진의 어느 부분이 중요한지 이해하고 구도를 맞춘다. AI는 사진을 경찰서나 소방서로 보낼지도 판단한다.
- **자율 키:** 스마트 키는 암호 통신으로 키를 인증하고 누가 사용

하든 똑같이 문을 열 수 있다. 자율 키는 AI가 인간을 인증한 후에 문을 열지 판단한다.

- **자율 빌딩:** 빌딩의 공조나 급수를 AI가 판단한다. 조명을 켤지 끌지 판단하고 출입문을 닫을지 열지 판단한다.

- **자율기계:** 지금은 하드웨어는 공장에서 수리하고 소프트웨어는 인터넷으로 갱신한다. 자율기계는 수리조차 스스로 한다. 자율기계는 고장이 나면 스스로 고장 난 모듈을 빼내고 새 모듈로 교환한다. 모듈은 크기가 점점 작아져서 나노 사이즈까지 작아진다. 나노 사이즈 자율기계는 인간의 몸으로 들어가 낡은 세포나 노화 세포를 제거한다.

- **자율 공장:** 스마트 공장에서는 AI가 일부 과정을 판단하며 인간이 언제든지 판단에 개입할 수 있다. 자율 공장에서 공장을 운영하는 주체는 AI다. 인간이 제품을 검사하고 판단하던 업무를 자율 공장에서는 모두 AI가 한다. 인간이 개입해서 명확한 조건을 지정하지 않아도 된다. 자율 공장은 모든 판단을 AI가 하며 인간은 전혀 개입하지 않는다.

- **자율 로봇:** AI가 판단하고 로봇에 행동을 명령한다. 자율 로봇이 감정을 표현하거나 인간과 대화를 나눈다. 자율 로봇은 매장에서 고객과 대화하는 키오스크가 된다.

- **자율 의사 로봇:** AI가 데이터를 분석하고 환자와 대화하면서 환자의 건강 상태를 분석한다. 필요하면 원격으로 진료하거나 환자 몸속에 도구를 넣고 데이터를 수집한다. 엑스레이 사

진을 판독하고 사진에서 이상을 발견한다. 자율 의사 로봇이 사진에서 질병을 발견하는 기술은 인간 의사보다 뛰어날 수 있다. 의사와 환자는 정보의 비대칭이 심하다. 만약 환자와 의사가 동시에 똑같은 정보를 입수할 수 있다면 비대칭은 사라진다. 인간 의사보다 자율 의사 로봇이 더 좋다는 환자가 늘어나면 자율 의사 로봇은 다양한 검사 결과를 해석하고 수술을 결정한다.

당신이라면 자율 의사 로봇을 믿고 수술대에 오를 수 있을까? 건강할 때는 거부하겠지만 생명이 위급하면 자율 의사 로봇에게 수술을 간청할지도 모른다. 자율 의사 로봇은 각종 센서로 환자 상황을 인식하고 AI가 판단해서 로봇 팔을 사용해서 외과수술을 한다.[5]

AI가 인간을 판단한다

"내가 바로 나다."

AI는 자율을 지향하는 기술이므로 스스로 인식하고 판단하고 행동한다. AI가 판단하는 범위가 넓어지면 나중에는 인간까지 판단한다. 나는 내가 나라는 사실을 AI에 증명해야 한다. 그래 야만 AI는 내가 누릴 수 있는 권리를 허락한다.

예를 들어 자율 주행차를 타려고 할 때 내가 나라는 사실을 증명하지 못하면 자율 주행차는 문을 열어주지 않는다. 자율 주 행차가 문을 열어줘야 실내로 들어갈 수 있다. AI가 내가 나라 고 판단해야 자율 주행차에 문을 열라고 명령한다. 자율 주행차 를 해킹해서 원격으로 자동차 문을 열고 시동을 걸 수도 있다.

인터넷에 연결된 커넥티드카는 전기모터나 배터리를 해킹할 수 있다. 하지만 정상적인 경우라면 해킹하지 않고 AI가 문을 열어 주기를 기다린다.

AI는 인간을 판단한다. 개인 데이터가 없는 사람 외에도 과도한 음주자, 약물 중독자, 범죄자는 승차를 허락하지 않는다. 금융거래에 문제가 있거나 수사기관에서 수배 중인 사람 역시 승차를 거부할 수 있다. 극심한 스트레스를 느끼는 사람도 거부당할 수 있다. 자율 주행차에 손상을 입히거나 주행을 방해할 수 있기 때문이다. 커넥티드카처럼 네트워크로 연결된 상황에서는 다른 자동차에까지 위험이 갈 수 있다. 이런 경우에는 인간이 원하는 목적지가 아니라 수사기관이나 병원처럼 AI가 임의로 목적지를 변경할 수 있다. 이런 상황은 어딜 가든 일어난다. 전장에서는 내가 아군이라고 증명하지 못하면 AI는 무기에 나에게 총을 쏘라고 명령한다. 빌딩에 들어가려면 내가 입주자라고 증명해야 AI는 빌딩에 출입문을 열라고 명령한다.

AI 관점에서 보면 모든 인간은 데이터로 존재한다. 자율 주행차를 이용하든 건물이 들어가든 내가 나라는 사실을 증명해야 한다. 증명해야 하는 책임은 나에게 있다. 내가 나라는 사실을 증명하고 AI의 인증을 받으려면 나의 데이터를 제공할 수밖에 없다. 개인은 자신의 데이터를 디지털 데이터로 가지고 있어야 인증할 수 있다. AI를 활용하는 기업은 개인 데이터를 어떻게 이용하는지 공개하지 않는다. 개인정보 제공 동의서에 사인

받지만, 이는 형식에 불과하다.

개인 데이터는 개인을 인증할 수 있는 유일한 수단이다. 만약 디지털 전환이 되지 않아 개인 데이터가 없다면, 내가 나라는 사실을 증명할 수 없다. 세계 인구 76억 명 중에서 34억 명은 신분증은 있지만 디지털 전환이 되지 않았다.[6] 내가 나라는 사실을 증명할 데이터가 없다는 의미다. 자율 주행차를 타거나 건물에 출입하려면 개인 데이터를 제공해야 하는데 이 작업이 불가능하다.

내가 나라는 사실을 증명할 수 없는 인간은 자신의 신분을 보증하는 기업과 인증 대행 계약을 한다. 예를 들어, 애플이나 삼성전자와 계약하고 나의 모든 개인 데이터를 제공한다. 애플과 삼성전자는 자사의 AI 자율폰을 이용하는 고객의 데이터를 수집하기 때문에 내가 나라는 사실을 증명할 만한 데이터를 가지고 있다. 자이로스코프, 가속도계, 마이크를 사용하며 사용자 걸음걸이 데이터까지 수집하면 사용자 유사도를 측정할 수 있다.

인간 인증은 새로운 사업 기회를 만든다. 내가 나라는 사실을 증명하지 않아도 자유롭게 승차할 수 있는 불법 영업 자율 주행차도 생긴다. 인증 못하거나 인증하기 싫어하는 수요가 있으면 시장에는 반드시 공급이 생긴다.

AI가 인간을 판단할 때 신뢰 문제가 생긴다. AI가 인간을 신뢰한다는 말은 미래에 그 인간이 AI가 판단한 대로 행동한다고 믿는 확률이다. 신뢰 확률은 데이터에 기반한다. AI는 자율 주

AI 매니지먼트

행차에 나를 태울지 말지 신뢰 확률을 기준으로 판단한다. 전혀 신뢰할 수 없으면 승차를 거부한다. 신뢰 확률이 어중간하면 승차 거부하지 않아도 배차 시간을 매우 길게 하거나 조건을 달리하면서 사실상 거부할 수도 있다. AI는 신뢰 확률이 높은 인간만 태우고 목적지까지 주행하고 결과를 데이터에 반영한다. 데이터가 갱신되면 모든 관계자가 데이터를 공유한다. 자율 주행차는 공유경제의 주요한 상품이기 때문에 이용하는 인간도 책임을 다해야 한다는 명분을 앞세운다. 신뢰가 없으면 공유경제는 성립하기 어렵다고 주장한다.

신뢰를 확률로 표현하고 모든 관계자가 공유하려면 통일된 기준이 필요하다. 어떤 경우에는 신뢰가 높다고 형용사나 부사로 표현하고 어떤 경우에는 신뢰가 99라고 숫자로 표현하면 통일된 기준으로 사용하기 어렵다. 신뢰를 숫자로 표현하고 공유하는 방법이 보편화될 전망이다.

AI가 널리 보급되면 모든 인간은 자신의 신뢰 지수를 가지게 된다. 자율 주행차를 이용하고 나면 탑승 기록은 신뢰 지수에 반영된다. 기업은 돈을 받고 승객에게 자율 주행차를 사용할 권리를 판매한다. 승객은 자신의 신뢰 지수에 해당하는 만큼만 권리를 구매할 수 있다. AI는 모든 기계에도 신뢰 지수를 매긴다. 하드웨어나 소프트웨어가 AI가 명령한 대로 행동하면 신뢰 지수가 높다. 하드웨어는 마모로 인한 고장이 있고 소프트웨어는 버그가 있어 AI가 명령한 대로 행동하지 못할 수도 있다.

인간은 자신의 신뢰 지수만큼 상품을 구매할 수 있고 기계는 자신의 신뢰 지수에 맞춰 행동의 범위가 정해진다. 신뢰 지수는 요금에 반영된다. 신뢰 지수가 높은 승객이 신뢰 지수가 높은 자동차를 이용하면 요금이 저렴하다. 신뢰 지수가 낮은 승객이 신뢰 지수가 높은 자동차를 이용하면 요금이 비싸다. 신뢰 지수가 매우 낮은 사람이라면 아예 승차를 거부한다. 신뢰 지수가 낮은 자동차는 요금이 싸다. 고객은 자동차의 신뢰 지수를 알고 이용한다. 요금이 굉장히 저렴한 자동차는 신뢰 지수가 매우 낮아 인간은 자신의 목숨을 걸고 이용해야 한다.

신뢰 지수는 단 하나로 고정되지 않는다. 모든 인간은 상황마다 신뢰 지수가 결정된다. 자율 주행차를 이용할 때의 신뢰 지수가 있고 영화관을 이용할 때의 신뢰 지수가 있다. 두 상황의 신뢰 지수는 크게 다를 수 있으며 각각은 계속 변한다. 어느 식당의 진상 고객이 다른 곳에서는 모범 시민인 경우와 같다. 신뢰 지수가 어떻게 변할지 가까운 미래라면 예측할 수 있다. 기업은 고객의 미래 신뢰 지수를 예측하고 현재의 신뢰 지수보다 약간 넓은 범위에서 승인할 수 있다. 혹은 현재의 신뢰 지수로 이용할 수 있는 수준보다 좁게 제한할 수 있다. 기업은 고객의 신뢰 지수를 이용해서 고객 맞춤형으로 마케팅한다. 신뢰 지수가 올라가면 얼마나 큰 혜택을 받을 수 있는지 강조한다. 정부 관점에서 생각하면 신뢰 지수는 국민을 모범 시민으로 만드는 큰 원동력이 된다.

chapter 3

데이터를
확보하라

디지털 전환으로
데이터를 생성한다

일부 업무에 제한된 디지털화

"당장 사용할 수 있는 데이터가 없습니다."

많은 경영자가 데이터 결핍을 호소한다. 기업에서 AI 학습에 그대로 사용할 수 있는 데이터가 거의 없다. 예를 들어 사진이 수천 장 있어도 AI 학습에 단 한 장도 사용하지 못할 수 있다. AI가 학습하기 좋도록 사진을 다시 촬영하기도 어렵다. 과거에 끝난 업무라면 새로운 데이터를 입수하기가 쉽지 않다.

AI가 진화하려면 데이터가 필요하다. 데이터와 AI는 마치 동전의 양면처럼 움직인다. 축적된 데이터가 있어야 AI 학습용이

AI 매니지먼트

나 예측용으로 사용할 수 있다. 데이터 종류가 다양하고 축적된 양이 많을수록 더욱 수준 높은 AI를 기대할 수 있다. AI 학습에 필요한 데이터를 수집하는 단계에서 AI 시스템 개발을 포기할 정도다. AI 경영을 위한 장기적인 관점에서 가장 근본적인 해결책은 디지털 전환이다.

디지털 전환에 앞서 디지털화를 설명한다. 디지털화의 시작은 종이를 없애는 작업이다. 종이에 인쇄하던 보고서, 회사 안내서, 거래 문서를 없애고 모두 디지털 파일로 만든다. 업무 처리에는 AI나 블록체인 같은 디지털 기술을 활용한다.

이런 경우를 생각해 보자. 공장에서 어느 제품이 얼마나 생산되고 있는지 분석하고 싶다면 가장 먼저 데이터를 취득해야 한다. 만약 생산 데이터를 노트에 펜으로 기록하는 곳이라면 데이터 수집에 일주일이 걸릴 수 있다. 만약 디지털 데이터가 있다면 하루도 걸리지 않는다. 하지만 디지털 데이터는 있어도 형식이 달라 분석에 즉시 사용할 수 없다면 데이터를 변환하는 데한 달이 걸릴 수도 있다. 이런 부분은 디지털화의 한계다. 디지털화는 일부 업무에 적용하므로 부분 최적화를 추구한다. 부분적으로 업무 효율을 향상하고 효율화를 달성하지만, 전체 최적화는 이루지 못한다.

디지털화는 기업에서 일부 업무를 대상으로 쉽게 추진할 수 있기 때문에 영업 지원 시스템과 같은 주변 시스템에 적용하는 경우가 많다. 예를 들어 명함이나 영업일지 작성을 디지털화하는 식이다. 명함은 종이에 인쇄된 개인 데이터다. 명함을 디지털 데이터로 변환해도 영업일지와 연동되지 않으면 큰 효과는 없다. 이처럼 작은 범위의 일부 업무를 대상으로 하는 디지털화는 투자 비용도 적고 도입하기 간단하지만, 기업 전체에 미치는 영향도 적다. 어느 정도 효과가 입증되면 디지털화 범위를 확대한다. 디지털화는 '로우 리스크, 로우 리턴(Low Risk, Low Return)' 작업이다.

RPA(Robotic Process Automation)는 디지털화의 한 종류다. 인간이 수행하던 작업을 소프트웨어 로봇이 대체하는 방식인데 업무 처리 방식은 바뀌지 않는다. 예를 들어 견적서와 청구서 발행, 계약서 확인, 여신 감사, 입출금 데이터 입력, 경쟁기업 홈페이지 확인과 같은 작업을 소프트웨어 로봇이 한다. RPA를 도입해서 인간의 작업을 로봇이 그대로 대체하면 부분 최적화에 머문다.

모든 업무를 대상으로 하는 디지털 전환

디지털 전환은 모든 업무에 디지털 기술을 활용해서 업무 처리 방식을 전환한다. 디지털 전환은 디지털화에 더해 트랜스포메이션을 실행하는 작업이다. 여기서 중요한 부분은 트랜스포메이션, 즉 전환이다. 디지털 전환은 조직 전체를 대상으로 하는 개혁이라 '하이 리스크 하이 리턴'이다. 대기업이라면 투자 규모가 수천억 원에 이른다. 기업의 체질을 완전히 바꿀 정도로 큰 작업이다 보니 결과에 따라서는 기업의 생존을 좌우할 수 있다. 디지털 전환을 추진할 때는 사업 다각화, 매각, 철수, 인수합병까지 포함해서 전략을 세워야 한다. 기술 관점에서만 보면 안 되고 경영 관점이 반드시 들어가야 한다. 디지털 전환은 기업의 경쟁 우위를 확립하려는 게 목적이다.

   디지털 전환을 전면적으로 도입하는 경영자는 기업의 체질을 강하게 바꾸어 새로운 상품과 서비스를 창조하며 새로운 사업 모델을 개발하려고 한다. 하지만 디지털 전환이 경영에 어떤 영향을 주며 업무에는 어느 정도 영향을 줄지 미리 파악하기는 어렵다. 이런 이유로 작은 성공 사례를 먼저 여러 개 만들어야 한다. 처음부터 대규모로 투자하고 조직을 개혁하는 기업은 드물다. 디지털 전환은 처음에는 작게 시작해서 점점 대상 업무를 넓혀 나간다. 디지털 전환은 개별 업무에 머물지 않고 업무를 수행하는 과정 전체를 디지털 기반으로 전환한다. 이어서 업무, 조직, 과정, 기업 문화를 바꾸고 사업모델을 전환한다.

   디지털 전환의 절차는 다음과 같다.

- **현상 파악:** 업무별로 디지털 성숙도를 평가한다. 2021년 기준으로 한국 중소기업의 디지털 성숙도는 100점 만점에 41점 수준이다.[1] 업종별로는 제조업 44점, 서비스업 37점 수준으로 차이가 크다.

- **목표 설정:** 구체적이고 측정할 수 있는 목표를 설정한다.

- **우선순위:** 추진이 급한 순서를 정한다.

- **실현 방법:** 구체적인 실현 방법을 정한다.

- **기술 선정:** 목표에 적합한 기술을 선정한다. 국제표준화기구 (ISO/IEC JTC1/SC42)와 국제전기통신연합(ITU-T)은 데이터 보호, 개인정보 보호, 네트워크 보안, 법률 및 규정 개선에 집중하고 있으며 다음과 같은 기술을 포함하고 있다.[2] 안전성, 유연성, 확장성을 갖춘 네트워크 인프라, 모뎀과 익명성 융합, 네트워크 데이터 분석, 수직 구조 산업의 플랫폼 상호 연계, 멀티미디어 분석, 개방형 데이터 표준.

- **시스템 구축:** 시스템을 도입하거나 갱신한다.

- **데이터 확보:** 데이터 수집, 저장, 분석 시스템을 구축한다.

- **성과 측정:** 정성적 및 정량적 성과를 측정한다.

- **개선 활동:** 성과를 분석하고 다음 단계를 기획한다.

디지털 전환에 성공한 기업에서는 모든 업무에서 발생하는 모든 데이터는 실시간으로 연결된다. 고객이 생성하는 데이터도 실시간으로 수집한다. 고객과 기업은 디지털 환경에서 접촉하는 기회가 늘어난다. 고객이 인터넷 사이트에서 상품을 열람하고 구매한다면 기업은 고객이 생성한 모든 데이터를 수집하고 저장할 수 있다. 데이터를 수집하고 저장하는 비용은 점점 낮아진다. 데이터 종류가 다양해지고 양이 늘어나면 AI를 사용

AI 매니지먼트

할 분야가 점점 더 많아진다. AI가 데이터를 해석하여 고객마다 맞춤형 대응을 할 수 있다.

디지털로 전환하고 실시간으로 데이터를 공유하면 지금까지 단절되어 따로 진행하던 업무를 통합할 수 있다. 예를 들어, 고객의 서비스 이용 실적을 확인하고 요금을 계산한 후에 결제 사이트로 유도하는 작업이 가능하므로 생산성이 크게 올라간다.

기업이 다양한 디지털 기술을 활용해서 디지털 전환에 성공하면 기업도 변하지만, 사회도 변한다. 예를 들어 온라인 쇼핑몰이 전면적으로 디지털 전환을 도입해서 사업모델을 바꾸면 고객이 소비하는 형태도 변한다. 고객의 동선이 변하면 자동차 통행량과 흐름도 변한다. 넷플릭스가 사업모델을 바꾸니 고객은 극장에 가지 않고 집에서 영화를 본다는 식이다.

디지털 트랜스포메이션은 디지털 기술을 활용해서 사업을 성장시킨다. 고객 체험과 업무 수행을 직결하고 이 과정에 AI를 활용한다. 예를 들어 온라인 판매라면 고객 체험은 상품 검색, 구매, 고객 정보 관리를 포함한다. 업무 수행은 발송 작업을 포함한다. 고객 체험과 업무 처리 과정은 대부분 AI를 중심으로 바꿀 수 있다.

디지털 트랜스포메이션을 확장해서 AI 트랜스포메이션이라는 용어도 등장했다. 모든 업무를 AI 중심으로 전환한다는 발상인데 예를 들어 AI를 활용한 사고 상황 분석 시스템이 있다. 지금까지 생명보험회사는 데이터 해석에 시간을 많이 들였다. 사고의 책임 비율을 산정해야 보상금액을 정할 수 있기 때문이다. 만약 AI를 데이터 해석에 활용하면 몇 분 이내로 작업을 끝낼 수 있다. AI는 인공위성에서 촬영한 사고 현장의 화상 데이터를 해석하고 재난 범위를 계산한다. 사고 원인과 책임 비율까지 계산을 마치고 보험금 지급 대상자와 금액을 신속하게 판단한다.

외부에서 데이터를 구매한다

데이터 무단 사용의 문제

"AI 모델을 훈련하기 위해 유튜브 동영상을 사용했다면 플랫폼 정책 위반입니다."

2024년 유튜브 CEO인 닐 모한은 오픈AI를 저격했다.[3] 오픈 AI는 동영상 생성형 AI 서비스인 소라를 개발했다. 이런 AI 서비스를 개발하려면 데이터를 학습해야 하는데 오픈AI는 무단으로 유튜브의 동영상을 사용했을 가능성이 크다는 지적이다.

"저작권자가 동의하지 않으면 AI는 문화 예술 작품을 학습하면 안 된다."

AI가 인간의 창작품을 무단으로 학습하면 창작자에게는 전혀 수입이 없다. 2024년 유명한 가수, 배우, 노벨문학상 소설가 등 만여 명이 AI 무단 학습에 반대하는 성명서를 발표했다.[4] 아이러니하게 이번 성명서를 주도한 사람은 AI 연구자인 에드 뉴턴-렉스다.[5] 그는 이미지 생성형 AI를 개발하는 벤처인 〈스태빌리티 AI〉에서 일하다가 회사 방침에 반발해서 퇴사했다.

실제로 데이터 무단 사용은 큰 문제다. AI 학습에 필요한 데이터를 무작위로 가져다 사용하는 기업이 많다. 인터넷에는 누구나 사용할 수 있도록 저작권을 방치한 데이터도 있지만 저작권을 강조한 데이터도 있다. 오픈AI와 퍼플렉시티는 뉴욕타임스, 다우존스, 뉴욕포스트의 기사를 무단으로 사용해서 AI를 학습시켰다는 이유로 소송을 당했다.[6] 데이터를 무단으로 사용한다는 비난과 소송이 이어지면서 대규모 투자를 유치한 AI 벤처와 빅테크는 데이터 공급기업과 저작권 사용 계약을 맺는 사례가 늘어나고 있다. 예를 들어 오픈AI는 학술지 기업인 〈악셀 스프링거〉와 계약했고[7] 구글은 온라인 커뮤니티 서비스인 〈레딧〉과 데이터 사용 계약을 했다.[8]

데이터는 무단으로 사용해도 걱정이고 돈을 내고 사용해도 걱정이다. 데이터 제공기업에 돈을 내고 저작권 사용 계약을 맺은 기업은 대량의 데이터로 AI를 학습시킨다. 그 결과 AI 모델의 성능이 향상되면 결과적으로 시장을 독과점할 수 있다. 현재의 추세가 이어지면 소수의 AI 벤처와 빅테크가 데이터를 독과

점하고 AI 모델을 개선해서 시장을 독점하는 구조가 굳어질 가
능성이 있다.

모든 데이터는 가치가 있다

개인 데이터는 모든 기업이 원한다

어떤 활동을 하든 데이터는 생기기 마련이다. 기업은 컴퓨터나 스마트폰을 이용한 데이터는 물론이고 센서에서 취득한 모든 데이터를 실시간으로 수집하려고 노력한다. 데이터가 있으면 AI가 학습할 수 있고, AI가 학습을 마치면 예측할 수 있다. 특정 개인이 얼마나 건강한지 예측할 수 있고 다른 사람과 어떤 관계를 유지하는지도 예측할 수 있다. 학습과 예측을 무한 반복하면서 AI 모델을 개선한다.

AI 학습을 위해 모든 데이터는 가치가 있지만 그중에서도 개인 데이터는 모든 기업이 원한다. 소셜 미디어 기업과 비디오 스트리밍 기업은 상상을 초월하는 수준에서 개인 데이터를 수집한다.[9] 사용자가 읽은 콘텐츠, 방문한 사이트, 결혼과 자녀, 교육 수준, 소득, 건강, 종교 등 개인 데이터라면 종류를 가리지 않는다. 2019년부터 2020년까지 미국 연방거래위원회(FTC)에 아마존, 메타, 유튜브, 스냅, 틱톡, X, 레딧, 디스코드 등 아홉 개 기업이 제출한 자료를 분석한 결과를 보면 놀라울 뿐이다.[10]

빅테크는 개인 데이터를 무기한 보관하면서 수익 창출에 활용하거나 AI 훈련에 사용한다. 개인 데이터를 이용해서 빅테크는 연간 수십억 달러 수준의 수익을 만든다. 빅테크가 개인 데이터를 수집한다는 사실은 알고 있지만 현실은 예상보다 훨씬 심각하다. FTC는 현재 상태를 용납할 수 없는 수준이라고 표현한다.

국내에서 중국의 알리와 테무를 이용하려면 개인의 이름, 연락처, 주소, 이메일, 우편번호 등 배송에 필요한 정보는 물론이고 사진이나 접속 기기처럼 배송과 상관없는 데이터까지 제공해야 한다.[11]

외국의 빅테크만이 아니다. 한국 기업도 뒤지지 않는다. 예를 들어 SK텔레콤 역시 개인 데이터를 과도하게 수집한다.[12] 통화 내용 요약은 물론이고 텍스트, 음성, 이미지, 영상, 문서, 파일 등 사용자가 입력한 모든 데이터를 수집한다. 이외에도 미디어 이용 이력, 연락처와 통화 기록, 운세와 증권, 즐겨찾기 채널, 열람한 뉴스 채널, 구글 캘린더 등 외부 서비스를 이용한 모든 데이터를 수집한다.

수집한 개인 데이터는 협력기업과 공유한다. 카카오페이는 중국의 알리페이에 고객 4천만 명의 개인신용정보 542억 건을 제공하면서 개인을 식별하지 못하게 하는 비식별 조치를 제대로 하지 않았다.[13] 이름을 가명으로 처리하는 등 비식별 조치가 부실하면 고객의 이름, 전화번호, 이메일, 거래 내역 등이 유출될 가능성이 크다.

개인 데이터 중에서 생체 데이터의 활용 사례도 늘어나고 있다. 외국 여행을 가면 대부분의 국제 공항에서는 AI가 승객 얼굴을 인식하는 시스템을 도입하고 있다.[14] 시스템을 도입하는 명분은 승객이 공항에서 소비하는 대기 시간을 줄이기 위해서다. 공항의 세관과 보안 기관은 외국에서 비행기로 도착한 승객이 입국 심사를 받을 때 생체 데이터를 수집한다. 승객이 나중에 출국할 때는 생체 데이터를 이용해서 AI가 식별한다. 승객이 시스템에 등록할 필요는 없으며 원하지 않는 승객은 얼굴 인식을 거부할 수 있다. 국제항공운송협회(IATA)가 2023년 실시한 조사 결과를 보면 비행기로 이동하는 승객은 생체 인식을 점점 더 많이 선호한다. 승객의 75퍼센트는 여권과 탑승권보다 생체 인식 데이터를 사용하는 시스템을 선호한다.[15]

산업 데이터 수집은 저조하다

개인 데이터에 비해 산업 데이터는 상대적으로 수집이 저조하다. 아날로그 세계에서는 무한에 가까운 종류의 데이터가 발생하지만 모든 산업 데이터를 하나도 빠짐없이 디지털 세계로 가져갈 수는 없다. 예를 들어, 공장에서 한 시간 동안 공작기계를 사용해서 부품을 제조했다면 이 과정을 표현할 수 있는 데이터 종류는 아주 많다. 공작기계 데이터, 부품 데이터, 날씨 데이터, 장소 데이터, 온도 데이터, 고객 데이터 등 너무 많아서 도저히 열거할 수 없을 정도다. 이렇게 다양한 데이터 중에서 어떤 데이터를 디지털 데이터로 수집할지 정한다. 이 작업에는 시간과 비용이 드는 만큼 목적이 분명해야 한다.

제조업은 어느 공장에서나 비슷하게 사용하는 데이터가 있다. 공작기계나 제조 설비는 표준인 경우가 많다. 지게차나 자동창고는 표준 장비를 사용한다. 지게차 제조기업은 지게차 데이터를 AI 학습용으로 판매할 수 있다. 이 데이터를 구매한 제조기업은 AI 학습에 쉽게 사용할 수 있어 도움이 된다. 이 과정에서 얻은 노하우는 제조업이 공유해서 산업 전체의 생산성을 높인다. 제조업은 데이터를 외부에 개방하거나 내부에서 독점한다. 데이터 개방과 독점의 균형을 맞추면 제조업은 데이터를 통해서 서로 협력하고 서로 경쟁하는 환경을 만들 수 있다. 데이터 호환 및 표준 작업, 데이터 보안 및 사용은 제조업에서 함께 작업할 수 있다.

데이터 학습 방법도 진화한다

데이터에 어떤 특징이 있는지 인간이 설정하면 AI가 이를 기준으로 데이터를 학습한다. 예를 들어, 복숭아를 출하하는 농가에서는 복숭아의 크기, 색깔, 형상, 무게와 같은 특징을 사람이 결정한다. 이러한 특징의 조합을 특징량이라고 한다. 지금까지 기계 학습에서 복숭아의 특징량을 설정하려면 사람이 복숭아에 대한 지식이 있어야 하며 시행착오를 거치면서 정확도를 개선했다. 심층학습에서는 이런 작업이 필요 없다. 심층학습은 AI가 스스로 특징량을 결정한다. 심층학습이 진화하면서 AI 학습에 인간이 개입하는 부분은 크게 줄었지만, AI가 학습하기 위해서 대량의 데이터가 필요하다는 점은 변함이 없다.

데이터를 사용해서 AI를 학습시킬 때는 리스크가 낮은 데이터부터 시작한다. 리스크가 낮은 데이터는 예를 들어 이미 인터넷에 공개된 데이터, 기업 홍보 데이터, 기업의 채용 안내 데이터, 상품 소개와 같은 데이터다. 매출액, 사내 매뉴얼, 규정, 진위를 알기 어려운 데이터는 학습해도 좋을지 판단이 필요하다. 신중하게 사용해야 하는 데이터는 법적 규제가 있는 데이터, 저작권이 있는 데이터, 금융 데이터, 의료 데이터다. 예를 들어,

삼성전자는 기업 비밀 유출을 방지하기 위해 생성형 AI 사용을
금지했다.[16] 기업의 내부 사정을 노출할 수 있는 데이터는 AI 학
습에 신중해야 한다.

chapter 4

컴퓨팅 능력이
중요하다

외부 클라우드 플랫폼을 이용한다

기업 내부의 데이터 센터

"기업 내부에 만든 데이터 센터는 거액의 입장료와 같다."

AI 모델은 방대한 데이터를 처리하고 복잡한 계산을 한다. 이를 위해 안정되고 고속으로 동작하는 컴퓨팅 능력이 필요하다. 가장 먼저 생각할 수 있는 방법은 기업 내부에 데이터 센터를 만들어 운영하는 형태다. 아마존의 CEO인 제프 베이조스는 기업 내부에 데이터 센터를 만들어 서버를 운영하고, 소프트웨어를 갱신하는 작업은 마치 거액의 입장료와 같다고 지적했다.[1]

서버를 운영하고 소프트웨어를 갱신하는 작업만으로는 아무런 가치를 만들지 못한다. 하지만 2006년 아마존이 세계 최초로 클라우드 서비스를 시작하기 전까지 모든 기업은 내부에 데이터 센터를 만들 수밖에 없었다. 기업 내부에 컴퓨팅 자원을 확보하는 방법을 온프레미스라고 한다. 자사 내부에 한정하기 때문에 데이터를 외부에 보낼 필요가 없으며 AI 모델에 맞추어 수정하기 편하다. 중요한 데이터는 자사에서 관리하여 보안을 강화한다.

베이조스가 거액의 입장료라고 비유하듯이 문제는 비용이다. AI 모델 개발에 필수인 엔비디아의 GPU인 H100은 계약에서 납품까지 1년 가까이 걸린다. GPU는 엔비디아가 거의 독점하고 있다. 엔비디아는 2019년 7나노 GPU인 A100을 개발해서 1만 달러에 판매하며, 2022년 개발한 4나노 GPU인 H100은 4만 달러에 판매하고 있다.

오픈AI는 GPT-4에 A100을 1만 개 사용했다. 대규모 언어모델 구축에는 일반적으로 A100를 3만 개 이상 사용한다. H100을 8개 장착한 엔비디아 서버는 40만 달러 수준이다. 운영비까지 포함하면 서버 한 대 운영하려면 일 년에 100만 달러를 넘는 비용이 들어간다. 대규모 생성형 AI 모델을 만들려면 H100 수백 개가 필요하니 수천만 달러를 훌쩍 넘어선다. AI 모델이 점점 커지면 수백 개가 아니라 수십만 개 단위로 필요할 수 있다. 대기업이라도 명확한 비전이 없으면 선뜻 투자하기 어려운 금액이다. 투자가 너무 크기 때문에 벤처나 대학교는 물론이고 일반 기업에 가능한 방법은 아니다. 이런 형편이라 어지간한 기업에서는 내부에 컴퓨팅 능력을 확보하지 못한다.

클라우드 컴퓨팅 플랫폼

두 번째로 생각할 수 있는 방법은 기업 외부의 클라우드 컴퓨팅 플랫폼이다. 마이크로소프트, 구글, 아마존을 선두로 빅테크가 제공하는 클라우드 컴퓨팅 플랫폼은 언제든지 편리하게 사용할 수 있다. 여러 개의 클라우드 플랫폼을 섞어서 사용할 수도 있다. 클라우드 컴퓨팅 플랫폼은 고객이 원하는 작업을 실시간으로 제공하기 위해 최신 기술을 반영한다. 클라우드 컴퓨팅 플랫폼을 이용하면 컴퓨팅 능력을 쉽게 사용할 수 있다. 만약 클라우드 컴퓨팅 플랫폼을 사용하면 H100을 윈도 기준으로 시간당 17,000원에 사용할 수 있다.[2]

AI 경영 규모가 확대되면 더욱 많은 데이터 처리가 필요하지만 클라우드 컴퓨팅 플랫폼에서는 유연하게 확장할 수 있다. 보안 문제도 비교적 쉽게 해결할 수 있다. 대량의 데이터를 처리해야 하는 AI 모델은 빅테크가 제공하는 외부의 퍼블릭 클라우드를 사용하는 경우가 많다. 클라우드와 온프레미스를 조합한 하이브리드 클라우드도 있다.

사업으로 클라우드 컴퓨팅 플랫폼을 운영하려면 거액의 투자가 필요하다. 마이크로소프트의 경우를 보면 쉽게 이해할 수 있다. 2023년 마이크로소프트가 금융 리스를 이용해서 데이터 센터를 구축한 비용은 1,084억 달러에 이른다.[3] 2022년보다 1,000억 달러 증가한 금액이다. 데이터 센터에 이 정도 금액을 투자할 수 있는 기업이 세계에 몇 개나 있을까? 현재의 추세가 이대로 가면 대부분 기업은 빅테크가 제공하는 클라우드 플랫폼에 종속될 가능성이 크다. 한번 종속되면 기회비용이 너무 크기 때문에 다른 플랫폼으로 이전하기가 매우 어렵다.

마이크로소프트는 오픈AI에 130억 달러를 투자했다. 이렇게 거액을 투자한 이유는 무엇일까? 오픈AI의 기술이 탐이 난 이유도 있지만 아무리 좋은 기술이라도 투자금을 회수하려면 시간이 필요하다. 그런데 마이크로소프트가 오픈AI에 투자한 금액은 머지않아 기대한 시간 안에 돌아온다. 이는 마이크로소프트가 제공하는 클라우드 컴퓨팅 플랫폼에 오픈AI가 지급하는 이용요금이다.

오픈AI는 2029년 매출 1,000억 달러가 예상된다.[4] 하지만 AI 모델 개발과 운영 비용이 막대하게 늘어나기 때문에 2023년부터 2028년까지 440억 달러의 적자를 예상한다. 오픈AI는 매년 지출의 최대 80퍼센트를 모델 훈련과 운영 비용으로 사용한다. 때문에 모델 훈련을 위한 컴퓨팅 비용이 향후 더 많게 증가할 전망이다.

마이크로소프트가 오픈AI에 투자한 자금은 대차대조표에 나타나고, 오픈AI가 마이크로소프트에 지급한 이용요금은 손익계산서에 나타난다. 마이크로소프트의 클라우드 사업은 오픈AI로 인해 매출이 증가하고 성장률이 유지된다. 만약 오픈AI가 없다면 마이크로소프트의 클라우드 사업은 곤란에 빠질 수도 있다.

컴퓨팅 능력은 국력에 비례한다

컴퓨팅 능력을 확보하라

미국은 컴퓨팅 능력에서 압도적인 1위다. 엔비디아의 최신 GPU인 H100을 2023년에 가장 많이 구매한 기업은 마이크로 소프트와 메타로 각각 15만 개씩 구매했으며, 최소한 45억 달러씩 투자했다.[5] 뒤를 이어 구글, 아마존, 오라클이 각각 5만 개씩 구매했다. AI 벤처인 미국의 코어위브 4만 개와 람다랩스 2만 개도 눈에 띄는 수준이다. 코어위브와 람다랩스는 엔비디아가 GPU를 집중적으로 지원하는 벤처다. 이들 기업이 2023년에 구매한 숫자는 51만 개를 넘는다. 이외에도 텍사스대학교 오스

틴은 정부 자금 등을 이용해서 생성형 AI 센터를 위해 H100를 600개 도입했다.

하지만 미국 역시 대부분 대학교에는 GPU가 부족하다. 미국과 캐나다의 대학교에서 AI 관련 주제로 박사학위를 받은 졸업생의 80퍼센트는 빅테크나 AI 벤처로 취업한다.[6] 연봉이 높다는 점도 중요하지만, 빅테크의 연구환경이 대학교보다 월등히 좋기 때문이다. AI 인재에게는 마음껏 사용할 수 있는 컴퓨팅 능력이 얼마나 확보되었는지도 매우 중요한 요소다. 컴퓨팅 능력이 부족한 곳에서는 연구개발에 제한이 걸리기 때문에 자신의 재능을 확장할 수 없다.

중국은 공식적으로는 미국의 견제를 받고 있다. 미국은 중국에 엔비디아의 A100 판매를 2022년 가을부터 금지했고 H100은 처음부터 금지했다. 그러나 중국에서 A100과 H100을 손쉽게 구할 수 있다. 중국 기업이 외국에 새로운 기업을 설립하고 엔비디아 반도체를 구매하는 우회 구매는 가능하다. 2023년 중국 기업에서 엔비디아의 GPU인 H100을 구매한 숫자는 텐센트 5만 개, 바이두 3만 개, 알리바바 클라우드 2만5천 개, 바이트댄스 2만 개로 중국 기업을 모두 합하면 12만 개를 넘는 수준이다. 미국의 수출 규제로 중국 기업은 GPU 구매에 제한이 있지만 해외에 있는 데이터 센터는 첨단 반도체를 구매할 수 있다. 이런 이유로 중국 기업은 국외 데이터 센터를 늘리고 있다.

일본에는 마이크로소프트가 AI 기반 시설의 아시아 거점을 설치하기로 했다. 2년 동안 29억 달러를 투자해서 AI 연산에 최적화된 AI 데이터 센터를 새로 구축할 계획이다. 일본 정부는 AI와 반도체 산업을 활성화하기 위해 2030년까지 최소 10조 엔을 지원할 예정이다.

한국은 2024년 국가AI데이터센터가 H100을 1,000개 수준으로 보유하고 기업의 생성형 AI 연구를 지원하고 있다. 한국 기업으로는 NHN클라우드와 삼성SDS가 1,000개 수준의 H100을 확보했다. 한국의 컴퓨팅 능력은 미국에 비하면 거의 100분의 1 수준이다. 대통령 직속으로 추진하는 〈국가 AI 위원회〉는 컴퓨팅 능력을 확보하려는 목표를 세웠다. 2030년까지 H100 반도체 3만 개에 해당하는 수준으로 국가AI컴퓨팅센터를 구축할 목표다. 민관 합작으로 최대 2조 원을 투자할 예정인데 정부 예산과 KDB산업은행 출자 등 정책금융을 통해 2천억 원을 투자하고 나머지는 민간이 부담할 계획이다.

chapter 5

비전을 실현할
AI 인재가 필요하다

AI 기술에 깊은 지식이 있는
기술 인재

AI 경영에 필요한 인재

"어디 좋은 인재 없습니까?"

"어떤 인재를 원하십니까?"

"AI도 알고, 산업도 알고, 경영 감각도 있고···."

경영자치고 인재 욕심이 없는 사람이 없다. 경영자는 어떤 인재가 얼마나 부족한지 명확하게 묘사할 수 있어야 한다. 구체적으로 묘사하지 못하면 막연하게 인재가 부족하다는 불만에 그친다. AI 경영에 필요한 인재를 구체적으로 묘사한 후에 기업에서 확보해야 하는 인재의 종류와 숫자를 정한다.

AI 매니지먼트

일반적으로 AI를 말할 때는 강한 AI 혹은 넓은 AI에 해당한다. AI를 적용하는 분야를 특별히 정하지 않는다. 기계에 비유하자면 범용 기계에 해당한다. AI를 적용하는 산업이나 분야를 특별히 지정하지 않고 AI 인재라고 하면 대부분 기술 AI 인재를 지칭한다.

기술 AI 인재 분포는 피라미드 형태로 표현할 수 있다. 피라미드의 최정상에는 노벨상급 인재가 위치하며 AI 기초연구에 집중한다. 이들은 π형으로 다양한 기술을 융합해서 미래의 기술을 발명한다. 정상에는 박사급 인재가 위치한다. 최정상과 정상에 있는 극소수의 인재가 미래 기술을 발명한다. 대부분의 기술 AI 인재는 I형이다. I형 인재는 자연어 처리나 컴퓨터 비전처럼 특정 분야의 AI 기술에 깊은 지식이 있다.

모든 기업에서 인재 피라미드의 최정상이나 정상에 있는 인재를 필요로 하지는 않는다. AI 기초연구에 집중하는 AI 벤처나 빅테크를 제외한 기업이라면 최고 수준의 인재는 규모가 있는 대기업이라도 수십 명 수준이면 된다. 몇 명만 있으면 되는 기업이 대부분이다.

한국은 2019년부터 AI 대학원 사업을 시작했다.[1] AI 대학원은 AI 핵심 기술을 연구해서 세계 최고 수준의 AI 알고리즘과 시스템을 개발하는 박사급 AI 인재 양성을 목표로 한다. 이를 위해 AI 연구자 양성에 특화된 교육과정을 운영하며 산학협력과 글로벌 협력을 강조한다. AI 대학원은 모두 열 곳으로 카이

스트, 고려대, 성균관대, 광주과기원, 포항공대, 연세대, 울산과
기원, 한양대, 서울대, 중앙대에 설치되었다. 학생들은 재학 중
에는 원천기술에 도전하고 연구 능력을 키운다. 졸업 후에는 AI
기초연구를 계속하기를 원한다.

기술 AI 인재의 커리어

기술 AI 인재가 기업에 입사하면 어느 부서에 배치해야 할
까? 지금까지 기업에서 IT 인재는 IT 부서에 배치했다. 기술 AI
인재도 IT 부문에 배치해야 할까? 기술 AI 인재는 숫자가 적고
시행착오를 반복하는 업무가 많아 AI에 특화된 자회사나 전문
부서가 있다면 그곳에 배치하는 방식이 좋다. 기술 AI 인재는
다양한 커리어를 만들 수 있다.

- **AI 연구자:** AI 알고리즘을 연구하고 새로운 AI 모델을 개발한
  다. AI 연구자의 가장 큰 역할은 AI 모델 개발이다. AI 모델이
  있어야 AI를 활용할 수 있어 마치 스마트폰 OS인 안드로이드
  나 iOS와 같다. 삼성전자가 구글에 로열티를 주고 안드로이
  드를 사용하듯이 AI 모델을 로열티를 주고 사용해야 한다. AI
  모델 중에서 가장 유명한 챗GPT는 오픈AI가 개발한 거대 언
  어 모델이다.

AI 모델 숫자는 AI 경쟁력을 나타내는 가장 기본적인 기준이다. 2023년 기준으로 1위 미국은 AI 모델이 109개다.[2] 2위 중국은 20개다. 뒤를 이어 영국 8개, 아랍에미리트 4개, 캐나다 3개이며 한국은 하나도 없다. AI 모델은 특정 산업의 데이터를 학습하고 건설 AI나 금융 AI처럼 산업 AI로 활용할 수 있다.

- **AI 엔지니어:** 데이터 처리, AI 서비스 개발, AI 시스템 개발을 담당한다. 기계 학습, 심층학습, 데이터 분석 등 AI를 활용하기 위한 지식이 필요하다.

- **AI 프로그래머:** 수학, 통계학, 컴퓨터 과학 지식을 사용해서 AI 프로그램을 만든다. 사용자가 쉽게 사용할 수 있도록 인터페이스를 설계한다.

- **AI 트레이너:** AI의 동작이나 성능을 최적화하기 위해 AI 모델을 훈련 시킨다. AI는 스스로 학습할 수 있지만 초기 단계에는 인간이 개입할 필요가 있다. AI 트레이너는 AI 모델이 정확하게 학습할 수 있도록 돕는다. AI 모델을 학습시키려면 컴퓨팅 자원이 필요하다. 학습한 AI를 스마트폰에서 사용하려면 메모리와 배터리의 제한으로 인해 충분하게 기능하지 않을 수 있다. 이 문제를 해결하려면 경량화 언어 모델처럼 AI 모델을 가볍게 만들어야 한다. 자체적으로 AI 모델을 보유한 기업은 경량화 모델을 만들 수 있다.

- **AI 오퍼레이터:** 가동 중인 AI 시스템의 동작을 감시하고 시스

템이 기대한 결과를 만들 수 있도록 조정한다.

- **AI 보안 전문가:** 사이버 공격에서 AI 시스템을 방어하기 위해 기술과 서비스를 제공한다. AI를 활용한 침입 검출 시스템이나 기계 학습을 이용해서 이상 행동을 실시간 검출하는 기술을 개발한다.

극소수의 AI 인재가 미래를 개척한다

어느 시대든지 파괴적 혁신을 원하는 벤처와 기득권을 유지하려는 빅테크의 경쟁이 치열하다. 빅테크가 다루는 상품은 다양하고 벤처가 다루는 상품은 한, 두 가지에 불과하지만 도전하는 벤처는 경쟁에 모두 다 건다. 벤처는 빅테크와 경쟁에서 지더라도 잃을 게 별로 없다. 벤처의 사명은 파괴적 혁신이다. 기득권을 파괴하지 않으면 경쟁에서 이길 수 없다. 벤처가 빅테크와 경쟁해서 아주 작은 분야에서 승리하지 못하면 죽음의 계곡을 벗어나지 못하고 사라진다. 벤처의 생존율은 낮아 10년 지나면 10퍼센트도 남아있지 않을 정도다. 그러나 살아남은 소수의 벤처는 새로운 시장을 만들거나 기존 시장을 확장해서 세상을 바꾼다. 벤처는 빅테크에게 미래의 가장 강력한 경쟁자가 될 수 있다.

예를 들어 1998년 등장한 구글은 2000년대에 들어서면서 당시에 검색엔진 시장을 지배하던 야후를 앞서기 시작했다. 이후 구글은 검색시장의 지배자가 되었다. 구글의 글로벌 검색엔진 시장 점유율은 90퍼센트 수준으로 올라갔지만 2020년 이후 낮아지는 경향이다.[3] 앞으로 구글은 AI 검색 서비스를 제공하는 벤처와 경쟁할 가능성이 크다. 예를 들어 2022년 설립한 미국의 AI 벤처인 〈퍼플렉시티 AI〉는 AI와 검색 기술을 결합한 서비스를 제공한다. 질문에 알맞은 검색 결과를 조합해서 요약한 결과를 제공한다. 또 다른 벤처인 오픈AI는 마이크로소프트의 검색엔진인 빙과 AI 기술을 결합한 검색 서비스를 개발한다. 경쟁자는 당연히 구글이다.

빅테크는 조직력으로 움직이며 규모의 경제를 앞세운다. 이에 비해 벤처는 외로운 늑대처럼 혼자 움직이며 파괴적 혁신으로 기존 시장을 공격한다. 빅테크는 기존 시장을 독점하고 있거나 진입장벽을 튼튼히 쌓았기 때문에 벤처와는 체급 자체가 확연히 다르다. 그런데도 빅테크는 벤처에 거액을 투자한다.

빅테크는 왜 벤처에 관심을 가질까? 벤처가 무섭기 때문이다. 빅테크가 벤처를 무서워한다면 과장이라고 생각할 수도 있지만 몇 가지 사례만 보아도 쉽게 이해할 수 있다. 예를 들어, 2012년 토론토대학교 제프리 힌튼 교수는 세계 최대의 이미지 인식 경연대회에서 우승했다.[4] 2013년 힌튼 교수가 DNN 리서치를 설립하자 구글은 얼른 힌튼이 설립한 벤처를 4,400만 달러에 인수했다. 빅테크가 벤처를 인수하면 벤처의 중요 구성원에게 일정 기간 빅테크에서 일하라는 조건을 붙인다. 힌튼은 구글에 합류하고 2023년 퇴사할 때까지 구글에서 일했다. 그리고 2024년 힌튼은 노벨 물리학상을 수상했다. 구글은 벤처 인수라는 방법을 사용해서 세계 최고의 AI 인재를 활용했다.

구글은 2014년에 영국의 벤처인 딥마인드를 5억 달러에 인수했다.[5] 딥마인드가 개발한 알파고는 2016년 한국의 이세돌과 대국해서 4대 1로 승리했다. 이 사건을 계기로 한국에는 AI 붐이 일었다. 2017년 알파고는 중국의 커제와 대국해서 3대 0으로 이겼다. 중국이 받은 충격은 매우 컸다. 중국 정부는 즉시 AI 역량 구축을 위한 계획을 발표했을 정도다.[6] 알파고를 개발한 딥마인드의 데미스 허사비스와 존 점퍼는 2024년 노벨화학상을 수상했다. 구글이 인수한 벤처는 구글이 의도한 대로 AI 시대의 가장 앞에서 미래를 개척했다.

빅테크가 AI 벤처를 인수하는 목적은 시장 점유율을 올리거나 신상품을 개발하는 정도가 아니다. 가장 중요한 목적은 따로 있다. 인재 흡수다. 극소수의 인재가 AI 시대를 개척한다고 보기 때문이다. 극소수라면 구체적으로 몇 명일까?

2023년 2월 시점에 오픈AI의 개발자는 겨우 87명이다.[7] 2024년에 기업 가치 1,570억 달러로 평가받은 규모와 비교하면 겨우 이것밖에 없냐는 표현이 적당하다. 개발자 한 명당 18억 달러에 해당한다. 스페이스X는 2024년 자사 기업 가치를 2,000억 달러로 평가했는데 사원은 8,000명이다. 사원 한 명당 0.25억 달러에 해당한다. 두 기업의 가치를 단순 비교하기는 어렵지만,

오픈AI의 개발자 숫자와 기업 가치는 지금까지 보지 못했던 수치다. 오픈AI 개발자의 평균 연령은 32세이며 출신 대학교는 스탠퍼드대학교, 캘리포니아대학 버클리, MIT가 중심이다. 이들은 구글, 페이스북, 우버, 엔비디아에서 경험을 쌓은 경우가 많다.

AI 인재의 사고방식

벤처에서 일하는 극소수의 AI 인재는 빅테크와는 다른 사고방식을 가진다. 오픈AI는 2023년 이사회를 열고 창업자인 샘 알트만을 해고했다. 이는 즉시 해외토픽으로 전송되었으며, 전 세계의 모든 기업이 상황을 주시했다. 알트만이 마이크로소프트로 이직한다고 발표하자 마이크로소프트의 주가가 대폭 상승했을 정도로 파급력이 컸다.[8] 뉴스를 접한 오픈AI의 거의 모든 사원은 알트만의 뒤를 따라 퇴사하겠다고 나섰다. 오픈AI는 인재가 한꺼번에 빠져나가면 기업 가치를 유지할 수 없다. 인재가 사라지면 벤처는 생존할 수 없다. 결국, 오픈AI는 창업자를 다시 불러들일 수밖에 없었다.[9]

이야기는 여기서 끝나지 않는다. 오픈AI의 철학에 반발한 일부 사원은 퇴사하고 새로운 벤처인 〈앤트로픽〉을 설립했다.[10] 앤트로픽은 설립한 지 1년이 채 되지 않은 시점에 아마존과 구글을 포함한 빅테크에서 100억 달러 이상의 투자를 유치했다.

이런 사례는 비단 오픈AI와 앤트로픽에만 국한되지 않는다. AI 시대를 빅테크가 주도하는 듯이 보이지만, 사실은 소수 벤처의 극소수 인재가 주도하고 있다. 이들은 인재 피라미드의 최정상에 위치해서 기술을 발명하고 대규모 개발을 주도한다. 오픈AI 같은 벤처는 전 세계에 수백 명밖에 없는 최고 수준의 AI 인재를 흡수하고 대규모 투자를 빨아들이는 블랙홀이다.

최고 수준의 AI 인재가 벤처를 설립하면 빅테크 입장에서는 일을 쉽게 풀 수 있다. 그 벤처를 인수하면 된다. 최고 인재를 품에 안는 빅테크는 AI가 향하는 방향을 정할 수 있다. 벤처를 인수하지 못한다면 거액을 투자해서 의결권을 보유한다. 벤처를 편법으로 인수하는 방법도 있다. 예를 들어, 〈인플렉션 AI〉 사례가 그러하다.

인플렉션 AI는 딥마인드의 공동 창업자이며 구글을 거친 무스타파 슐레이만이 창업한 AI 벤처다. 감성적으로 인간과 대화를 나누는 AI를 개발한다. 인플렉션은 2023년 마이크로소프트와 엔비디아에서 13억 달러의 신규 투자를 유치했다. 마이크로소프트는 6억 5,000만 달러를 투자하고 파트너십을 맺었다. 마이크로소프트는 사내에 AI 부서를 신설하고 슐레이만을 부서장에 임명했으며, 인플렉션 사원 대부분을 그 부서에서 일하도록 했다. 이런 형태의 파트너십은 빅테크가 반독점 규제를 피하기 위한 편법 인수와 같다.[11]

AI 매니지먼트

이외에도 빅테크는 기업 주도형 벤처 캐피털(CVC)을 통해서 벤처에 투자하며 일찍부터 인재를 확보한다. 예를 들어, 2016년 마이크로소프트는 M12를 샌프란시스코에 설립했다.[12] M12가 투자한 기업은 90개 사인데, 이중 미국 기업은 60퍼센트이며 중국 기업은 없다. 그 대신, 마이크로소프트는 중국에서 별도의 창업 지원 프로그램을 운영하면서 벤처를 적극적으로 지원한다. 마이크로소프트는 1998년 인재 획득을 노리고 중국에 AI 연구소인 마이크로소프트 리서치 차이나를 설립했다. 이 연구소에서 5천 명 이상을 교육했으니 중국의 대표적인 AI 인재는 대부분 이곳 출신이라 할 만하다.

인재 전쟁이 시작되다

"AI 인재 쟁탈전은 가장 미친 전쟁이다."

일론 머스크는 이렇게 말하면서도 역시 테슬라의 AI 인재를 경쟁사에 뺏기지 않으려고 연봉을 크게 인상했다.[13] 오픈AI가 테슬라에 있는 200여 명의 AI 엔지니어를 뺏기 위해 거액을 제시하고 있으니 이를 막아야 한다는 이유에서다.

경쟁기업에서 AI 인재를 빼 오는 쟁탈전은 심각하다. 최고 수준의 AI 인재를 스카웃하기 위해 수백만 달러에 해당하는 자사주식을 준다는 말도 있다. 이런 쟁탈전은 막대한 비용이 들기 때문에 빅테크만 가능하며, 결과적으로 빅테크가 AI 인재를 독점하는 상황으로 이어진다. 규모가 작은 기업이나 벤처는 기껏 양성한 AI 인재가 빅테크로 유출된다.

"전 세계에서 천재 소년을 모집합니다."

중국 기업도 AI 인재 확보에 혈안이다. 화웨이는 전 세계를 대상으로 천재를 모집한다. 천재라고 인정할 만한 인재라면 연봉 수억 원을 지급하고 채용한다. 최종 학력은 상관없다. AI 인재는 학교에서 정규교육을 거의 받지 않거나 조직에서 근무한 경험이 전혀 없어도 혁신적인 성과를 만들 수 있기 때문이다. 그러므로 학력을 근거로 천재를 정의하지 않는다. AI를 포함해서 수학, 물리학, 화학에서 두각을 나타내는 실적이 있으면 된다. 논문, 특허, 수상 경력도 중요한 실적으로 인정한다.[14]

빅테크는 대부분 비슷한 제도를 운영하고 있다. 인턴십 프로그램이나 조기 입사 프로그램을 운영하면서 AI 인재를 확보한다. 빅테크는 AI 인재를 확보하기 위해 치열하게 경쟁하고 있다. 연봉과 성과급을 포함해서 AI 인재에게 지급하는 액수는 점점 더 올라간다. 미국의 빅테크는 박사급 AI 인재에게 100만 달러 이상 지급하는 경우가 많다. 중국 기업은 미국보다는 적게 지급하는데 그래도 20만 달러 이상 지급하는 경우가 많다. 빅테크가 지급하는 연봉은 평균 수십만 달러에 달한다.

AI 인재는 핵무기와 같다

빅테크만이 아니다. 미국 정부도 AI 인재 유치가 가장 급선무라고 여긴다. 2024년 바이든 대통령은 AI에 관한 '국가 안보 각서(NSM)'에 서명했다.[15] AI를 핵무기처럼 국가의 전략 자산으로 간주하고 국가가 통제하겠다는 의미다. 이는 핵무기를 관리하는 방식과 비슷하다.[16] 핵무기 보유국과 비보유국 간에 존재하는 힘의 불균형처럼 앞으로는 AI 인재가 국력의 차이를 만들어 낸다고 보기 때문이다. 배경에는 중국의 AI 능력을 억제하겠다는 의도가 숨어있다.

미국 정부가 인재를 통제하겠다는 의도를 명확하게 하면서 미국 빅테크도 리스크를 회피하는 움직임을 보이기 시작했다. 마이크로소프트는 중국 국적을 가진 AI 엔지니어 700여 명에게 미국, 아일랜드, 호주, 뉴질랜드 등으로 근무지를 바꿀 수 있도록 했다.[17] AI 엔지니어는 기계 학습 및 클라우드 컴퓨팅 업무를 어느 장소에서 해도 큰 상관은 없으며, 다른 국가에도 인재의 수요가 크기 때문이다.

최고 수준의 AI 인재는 희소자원이다. 언론에서는 높은 연봉에 주목하지만 사실 연봉은 필요충분조건이 아니다. 인재가 어떤 주제를 연구개발 할지에 관한 의사 결정 권한도 대폭 인정해야 한다. 업무 성과를 엄정하게 평가하고 공정하게 보상해야 한다는 점은 당연하다.

경영자는 AI 인재를 높은 연봉에 채용할 정도의 여유가 없다고 한숨만 내쉴 게 아니다. 2024년 노벨 물리학상을 수상한 제프리 힌턴 교수는 한국 언론과의 인터뷰에서 호기심 중심의 기초연구를 지원해야 한다고 강조했다.[18] 호기심 중심이란 새로운 아이디어가 항상 뿜어져 나온다는 의미다. AI 격차를 따라잡으려면 기초연구를 강화하는 방법밖에 없다. 또한 기초연구를 담당할 AI 인재를 획득하려면 호기심을 실현할 수 있도록 지원해야 한다는 의미다.

AI 인재는 평소에 관리해야 한다. AI 인재의 글로벌 네트워크를 유지하기 위해 구글은 오픈 소스로 공개한 AI 툴인 텐서플로우(Tensorflow)를 교육기관과 기업에 제공한다.[19] 마이크로소프트는 전 세계 개발자들이 모여 최신 기술을 논의하는 오픈 소스 커뮤니티인 깃허브(GitHub)를 운영한다.[20]

더 치열해진 AI 인재 쟁탈전

한국 대기업에서 원하는 AI 인재의 최종 학력은 AI 석사나 박사학위 소지자다.[21] 하지만 한국에서 AI 연구를 계속하고 싶다는 대학원생이 적다. 2022년 한국에서 대학원 과정을 마친 AI 인재의 40퍼센트는 해외로 나갔다.[22] 2023년에 한국은 10만 명당 0.30명의 AI 인재가 순유출되었다.[23] AI 인재가 순유입된 미국, 영국, 캐나다와 대조적이다.

세계 여러 기관에서 AI 인재에 관한 자료를 공개하고 있는데 결론은 모두 비슷하다. 한국은 인재가 외국으로 많이 유출되는 국가다. 한국의 두뇌 유출은 비단 AI만이 아니다. 모든 분야에서 계속 유출되고 있다. 두뇌 유출지수(BDI)는 10점 만점에 2020년 5.46에서 2023년 4.66으로 계속 하락하고 있다.[24] 해외로 나가는 인재가 계속 늘어나고 있다는 의미다.

AI 인재가 한국을 떠나는 이유는 처우에 있다. 한국 기업은 AI 인재에게 많은 보수를 제공할 수 없고 별도의 보수 테이블을 만들기도 어렵다. 편법으로 직급을 올려서 보수를 높이는 기업도 드물다. 외국의 빅테크는 막대한 보수를 제공하면서 전 세계에서 AI 인재를 채용한다.

특히 미국의 빅테크는 보수가 높고, AI 연구를 위한 컴퓨팅 환경도 좋다. 동료들도 AI 연구자가 많아 협업이 수월하다. 미국은 세계의 AI 연구자들에게 압도적으로 1위 목적지다. 세계 최고 AI 연구자의 3분의 2는 미국에서 일한다. 미국은 상위 2퍼센트의 AI 인재가 몰리는 국가다. 세계 최고 수준의 연구자가 소속된 AI 기관의 60퍼센트는 미국에 있다. 미국 관점에서 생각하면 AI 연구자의 과반수는 외국에서 온다. 미국에서 일하는 AI 연구자의 3분의 1 미만은 미국 대학을 졸업했다. 나머지는 외국에서 대학을 졸업하고 미국에 왔다. 중국, 인도, 유럽 출신이 많다.

최근에는 변화도 감지된다.[25] 주요 국가들이 모두 AI 투자를 늘리면서 최고 수준의 AI 연구자 중에 외국에서 일하는 비율은 2019년 55퍼센트에서 2022년 42퍼센트로 감소했다. 특히 인도는 최고 수준의 AI 연구자가 자국에 머무는 비율이 크게 늘었다. 2019년에는 거의 모든 인도 AI 연구자가 해외로 나갔지만, 2022년에는 국내에 20퍼센트 수준의 AI 연구자가 남았다.

중국이 배출한 AI 인재는 2019년 전 세계의 29퍼센트에서 2022년 47퍼센트로 증가했다. 같은 기간 미국이 배출한 AI 인재는 20퍼센트에서 18퍼센트로 감소했다. 학부 기준 상위 2퍼센트에 해당하는 최상위권 AI 인재는 중국 출신은 2019년 10퍼센트에서 2022년 26퍼센트로 증가했다. AI를 주도하는 미국과 중국은 인재 피라미드의 모든 층에서 많은 인재를 확보하고 있지만 그래도 부족하다는 이유로 해외에 문호를 열고 인재를 채용한다. 비자 발급조건을 완화해서 국내 취업이 쉽도록 지원한다.

AI의 범위를 확장해서 IT 전체를 보면 전 세계에서 부족한 인재는 2,517만 명이라는 조사가 있다.[26] 미국 514만 명, 중국 281만 명, 인도 227만 명이다. 한국은 77만 명이 부족하다고 예상한다. 부족한 인재를 국내에서 확보하기 어려우면 외국에서 확보해야 하므로 글로벌 차원에서 인재 확보 쟁탈전이 매우 치열하다.

AI 인재의 유동성을 키운다

인재가 한국을 떠난다고 해서 걱정만 하고 있을 틈이 없다. 한국은 인재 유동성을 키우는 전략을 생각해야 한다. 다양한 배경과 경험을 가진 인재의 유동성이 커질수록 혁신의 계기도 늘어난다. AI 경영처럼 상상력과 창의력이 필요한 기업에는 글로벌 경험을 가진 인재가 가진 문화의 다양성이 사업모델로 연결될 수 있다. 또한 한국을 중심으로 글로벌 인재 유동성이 커지면 한국은 글로벌 인재 네트워크의 허브가 된다. 인재를 중심으로 하는 글로벌 비즈니스 전개의 기회가 늘어난다. 더군다나 한국처럼 저출산 고령화로 인해 생산인구가 감소하는 국가라면 국내외를 막론하고 인재 유동성을 키우는 데 집중해야 한다.

한국에서 태어나서 교육받은 인재가 계속 한국에서 일하는 방식이 기업에 얼마나 도움이 될지는 관점에 따라 판단이 다를 수 있다. 한국에서 공부를 마친 후에 외국에 가서 일하고 미래에 다시 한국으로 돌아올 수도 있다. 외국에서 태어나서 한국에서 교육받고 한국에서 일하는 외국인이 다시 외국으로 나갈 수도 있다.

한국에서 외국으로 떠나는 인재도 많지만, 외국에서 한국으로 들어오는 인재도 늘어나고 있다. 한국에서 공부하는 외국인 유학생은 2016년 처음으로 10만 명을 넘은 이후로 매년 늘어나고 있으며, 2024년에는 처음으로 20만 명을 넘었다.[27] 이 숫자는 국내의 전문대학과 4년제 대학교에 재적한 학생의 9퍼센트에 해당한다. 2027년에는 외국인 유학생 30만 명을 목표로 한다. 유학생의 출신 국가는 중국 35퍼센트, 베트남 27퍼센트, 몽골 6퍼센트, 우즈베키스탄 6퍼센트로 아시아 출신이 90퍼센트를 넘는다. 유학생 중에서 비수도권에 있는 비율은 2024년 44퍼센트로 유학생도 수도권을 선호한다.

한국에 온 인재가 국내에 오랫동안 머무르며 일하려면 영주권과 자녀 교육 등 생활 환경 개선이 필요하다. 유학생이 지방에서 대학교를 졸업한 후에 그 지역에서 취업하고 한국에 정주할 수 있는 여건은 아직 부족하다. 정부는 취업비자 제도를 개선해서 외국 인재가 한국에 취업할 수 있도록 도와야 한다. 기업은 외국 인재를 적극적으로 채용하고 인재의 다양성을 늘려야 한다.

AI 응용연구에 집중하는 산업 인재

산업 AI = 산업 지식 + AI 기술

산업 AI는 특정 산업에 AI를 활용하는 경우이기 때문에 약한 AI 혹은 좁은 AI에 해당한다. AI를 적용하는 범위를 특정 산업이나 업무에 한정하기 때문이다. 산업 AI 인재는 AI 기술을 알고 산업도 이해하는 인재다. AI 박사학위를 받은 연구자 중에 25퍼센트 정도만 기술에서 시장까지 정통하다는 조사 결과도 있다.[28] 기술 AI 인재가 기초연구에 집중한다면, 산업 AI 인재는 응용연구에 집중한다. AI 기초연구에 집중하는 기업은 극소수이며, 아예 AI 기초연구를 포기한 기업이 대부분이다. AI 기초연구에 뒤진 기업이라도 AI 응용연구에서는 앞서 나갈 수 있다. AI 커뮤니티는 개방적이라서 AI 기초연구의 최신 성과는 공개되어 누구나 쉽게 사용할 수 있기 때문이다. 한국 기업은 현실적으로 AI 기초연구보다 AI 응용연구를 중시할 수밖에 없다. 과거에 제조이론은 서구에서 연구하고 한국은 제조 현장에 집중해서 성공한 사례를 반복한다.

AI는 범용 기술이라 어떤 산업에도 활용할 수 있지만 실제로 활용하려면 산업의 특징과 수요에 맞추어야 한다. 특정 산업에 AI 기술을 응용해서 상품이나 서비스에 사용하면 산업 AI라고 한다. 산업 AI는 교육 AI, 금융 AI, 건설 AI라는 식으로 구분할 수 있다. 이를 버티컬 AI라고 부르기도 한다. AI 모델이 없어도 특정 산업에서 방대한 데이터를 확보하고 AI를 활용하는 방식이다.

산업 AI를 자동차에 비유할 수 있다. 같은 엔진을 사용해서 어떤 기업에서는 승용차를 만들고 어떤 기업에서는 트럭을 만들며 또 다른 기업에서는 버스를 만든다. 엔진을 잘 만드는 기업은 엔진에 집중하고 승용차를 잘 만드는 기업은 승용차에 집중하면 된다. 엔진을 잘 만드는 기업은 승용차나 트럭의 특징까지는 자세히 몰라도 된다. 하지만 승용차를 만드는 기업이나 트럭을 만드는 기업은 엔진의 특징을 어느 정도는 깊이 알아야 한다. 엔진을 연구 개발하는 능력은 없지만 어떤 엔진에 어떤 특징이 있는지 알고 있어야 그 엔진에 가장 잘 어울리는 승용차나 트럭을 만들 수 있다.

산업 AI를 추진하려면 AI 기술과 산업 지식이 모두 필요하다. 예를 들어 의료 AI는 의료 산업의 특징에 맞추어 어떤 방식으로 AI를 도입하면 효과가 있을지 알아야 한다. 의학지식과 의학 데이터 이해가 필요하며 AI 기술은 당연히 알아야 한다.

산업의 활성화를 이끈다

AI 벤처와 빅테크는 AI 기술을 개발하기 위해 AI 인재를 주로 채용하지만, 대부분 기업은 산업 AI 인재가 더 많이 필요하다. 특정 산업에 AI를 적용해서 생산성을 높이거나 새로운 사업모델을 창조하려는 기업은 그에 적합한 산업 AI 인재를 활용한다.

산업 AI 인재는 T형 인재다. 특정 산업에 깊은 지식이 있으며 넓은 AI 지식을 가지고 있다. 이들은 특정 산업에 AI를 어떻게 도입하면 어떤 성과를 만들 수 있는지에 관심이 있다. 예를 들어 건설 AI 인재는 건설산업에 AI의 어떤 기술을 어떤 방식으로 도입하면 사업모델이 어떻게 변할지 상상한다. AI 경영으로 고객 관점에서 어떤 가치를 만들 수 있는지 상상한다. 예를 들어 건설산업에 필요한 산업 AI 인재는 지금까지 건설산업에서 전통적으로 수행하던 설계, 건축, 시공, 시공관리, 검사, 점검, 방재 업무에 AI 기술을 융합해서 새로운 사업모델로 확장한다. 도로나 다리를 건설하는 토목 업무에서 빌딩이나 주택을 짓는 건축 업무까지 확장한다. 더 나아가 도시의 개발과 운영까지 시야에 넣어 사업모델을 확장한다.

스포츠 AI 인재는 올림픽 진행 방식을 확장한다. 2024년 프랑스 파리에서 개최된 올림픽에는 AI 심판이 활약했다. 아직은 AI가 심판을 보는 수준은 아니고 인간 심판을 지원하는 수준이다. AI는 시합에 나선 선수들의 움직임을 여러 대의 카메라로 촬영하고 이를 분석한다. 인간 심판이 미처 눈치채지 못한 정도로 순식간에 벌어진 일이라도 AI는 영상을 분석해서 정확하게 판단할 수 있기 때문에 선수들이 인간 심판의 판정에 불복하면 AI가 판단한다. 선수들은 인간 심판을 믿지 못하고 AI는 공정하다고 생각한다.

AI는 이미 올림픽에 없어서는 안 되는 존재가 되었다. AI를 이용한 멀티카메라 리플레이 서비스는 선수 영상을 클라우드 기반의 3차원 모델로 변환한다.[29] 3차원 영상이라 다양한 각도로 영상을 회전시키며 볼 수 있다. 올림픽을 집에서 시청하는 팬을 위해서 AI는 시합을 선별해서 보여준다. 올림픽에 참가한 선수들은 스마트폰에 설치된 챗봇으로 AI와 대화하면서 도핑이나 경기 규칙은 물론이고 소셜 미디어에 관한 가이드라인이나 선수촌 위치정보와 같은 생활에 관한 정보를 얻는다.[30]

군사 AI 인재는 군사 AI를 개발하고 규제를 철폐하려고 노력한다. AI 기초연구만으로는 AI를 국방, 첩보, 감시, 정보 수집에 실용화할 수 없다. 기업에서 개발한 성과를 융합해야 한다. 미국은 트럼프 2기 정권에서 국방 AI를 위한 맨해튼 프로젝트를 기획하고 있다.[31]

　AI 모델은 중요하지만, AI 시장을 확대하려면 국가나 기업이 보유하고 있는 모델 숫자가 전부가 아니다. AI 모델을 활용한 상품과 서비스가 있어야 시장을 확대할 수 있다. 산업 AI 인재는 AI를 이용해서 개선하고 싶은 문제를 발견하고 구체적인 방법을 생각한다. AI의 장점을 이해하면서 동시에 투자 규모도 판단한다. 아무리 좋은 기술이라도 기술 관점만이 아니라 경영 관점도 필요하다. AI를 적용해서 매출을 올리고 싶은지 원가를 절감하고 싶은지 목적을 분명하게 정의한다. 어떤 산업의 어떤 업무에 어떤 AI 기술을 활용하면 어떤 효과가 기대되는지 상상하려면 그 산업에 AI를 활용하는 의미를 넓게 이해하는 통찰력이 필요하다.

　AI를 산업에 활용하려면 특정 산업에 깊은 지식이 있거나 상거래 습관에 관한 지식이 필요하다. 특정 영역이나 분야에 관한 전문지식을 영역 지식이라고 한다. 영역 지식은 특정 영역에 고유한 정보, 개념, 용어, 프로세스, 규칙이 포함된다. 이런 지식은 그 영역에서 의사 결정을 하거나 문제 해결을 위해 필요하다. 산업 AI를 개발하려면 영역 지식이 필요하다. 의료 AI를 개발하려면 의학 지식이 필요하고, 금융 AI를 개발하려면 금융 지식이 필요하다.

산업 AI를 개발하려면 영역 지식을 어떻게 AI에 학습시킬지가 중요하다. 영역 지식을 제공해서 생성형 AI를 학습시키는 방법으로 검색 증강 생성(RAG) 기술이 있다. AI 모델에 외부 데이터를 제공하고 정확한 답이나 정보를 생성하는 기술이다. 기업에서는 고유한 데이터를 이용해서 생성형 AI가 학습한다. 만약 생성형 AI가 외부에서 획득한 데이터를 학습한다면 더욱 정확하고 최신의 결과를 제공할 수 있다.

산업 내부에서 양성한다

한국은 AI 융합 혁신 대학원에서 AI 인재를 양성한다. AI를 산업에 융합하기 위해 산학 공동 AI 융합 프로젝트를 실시해서 산업계 과제를 해결한다. 기업은 직접 교육과정에 참여해서 실전형 인재를 양성하고 채용으로 연계한다. 대학원은 모두 아홉 곳인데 이화여대, 경희대, 인하대, 충남대, 한양대, 동국대, 부산대, 전남대, 아주대에 설치되어 있다. 대학원의 역할은 AI 융합 인재 양성, AI 융합 산학 공동 프로젝트 추진, AI 융합 연구 기반 확충, AI 융합 산학협력 강화다.

산업 AI 인재는 예를 들어 다음과 같은 커리어가 가능하다.

- **AI 프로젝트 매니저:** 특정 산업에 AI를 활용한 제품이나 시스템

을 개발한다. 프로젝트 매니저는 산업 지식과 AI 지식에 더해 프로젝트 매니지먼트 지식이 필요하다. 아무리 좋은 기술이라도 사업에서 수익성이 없으면 계속 추진하기 어렵다. 프로젝트 매니저는 기술과 경영이라는 서로 다른 두 가지 관점에서 프로젝트 전체의 조화를 이루는 능력이 필요하다.

- **산업 AI 프롬프트 엔지니어:** 산업에 적용하는 언어 모델의 결과를 개선하기 위해 프롬프트의 최적화와 조정을 담당한다. 특정 산업을 위한 언어 모델에 질문하고 원하는 대답을 얻으려면 반드시 산업 지식이 필요하다. 같은 질문이라도 AI 모델의 알고리즘이 다르면 대답이 다르므로 프롬프트는 산업의 특징을 구체적이고 명확하게 표현해야 한다. 산업 AI 프롬프트 엔지니어는 산업의 특성을 반영해서 프롬프트를 최적화한다. 원하는 대답은 항목, 형식, 개수, 범위를 지정할 수도 있지만 처음에는 막연하게 시작해서 점점 범위를 좁힐 수도 있다. AI 와 대화하면서 질문의 범위를 좁히면 대답의 정확도가 올라간다.

- **산업 데이터 사이언티스트:** AI 기술과 함께 수학, 통계학, 데이터베이스 기술을 사용해서 특정 산업의 데이터를 분석하고 시사점을 발견한다. 결과는 사업 전략 책정이나 업무 개선에 적용한다. 데이터의 품질과 정합성을 감시한다.

- **AI 앱 개발자:** 특정 산업이나 구체적인 업무에 AI를 활용하기 위해 AI를 사용하는 앱을 개발한다.

신입사원으로 학교를 갓 졸업한 인재를 채용해서 산업 AI 인재로 양성하려면 시간이 오래 걸린다. 산업 경험이 적으면 새롭게 진입한 산업의 특징을 이해하는 데 오랜 시간이 걸린다. 다른 산업의 경험을 가진 인재는 산업마다 특유한 문화에 적응하지 못할 수도 있다.

경력사원으로 산업 AI 인재를 채용하려면 산업 지식과 AI 지식 중에서 뭐가 더 중요할까? 현재 시점에는 AI 지식을 더 중요하게 여기는 기업이 많다.[32] 물론 일정 수준 이상의 산업 지식은 있다는 전제에서다. 기업은 AI를 기준으로 구직자를 프로 스포츠 선수처럼 1군과 2군으로 구분한다.

1군과 2군 사이에는 디지털 디바이드처럼 AI 디바이드가 발생한다. 1군에 속한 구직자는 생성형 AI를 다룰 수 있으며 대형 언어모델을 사용한 경험이 있다. AI가 업무를 급속도로 변화시키고 있어 기업은 AI를 다룰 줄 아는 구직자를 선호한다. 2군에 속한 구직자는 AI를 경험한 적이 없다. 이들은 AI 교육을 이수하지 않으면 서류 전형 단계에서 탈락하거나 취업하더라도 빠른 시기에 해고될 가능성이 크다. 구직자에게 AI를 사용한 경험이 없고 사용할 능력도 없으면 채용하지 않는다.

산업 AI 인재는 어느 부서에 배치할까? 산업 AI 인재는 사업부서에 배치한다. 산업 AI 인재를 한 부서에 몰아서 배치하면 효율적인 형태가 아니다.

산업 AI 인재는 대학원 졸업생이나 경력직만으로는 부족하기

AI 매니지먼트

때문에 앞으로는 산업 내부에서 많이 양성할 수밖에 없다. 산업 AI 프로젝트를 확대하려면 AI 기술과 산업 지식을 겸비한 산업 AI 인재를 기업 내부에 품어야 하기 때문이다.

산업 내부에서 인재를 양성하는 가장 일반적인 방법은 산업 경험이 풍부한 인재에게 AI 기술을 교육하는 방법이다. 이미 산업을 잘 알고 있으므로 어떤 AI 기술을 어떤 업무에 사용하면 어떤 효과가 있을지 스스로 상상할 수 있다는 장점이 있다. AI 기술 교육에 시간이 오래 걸릴 수 있다는 단점이 있다.

산업 경험이 풍부하고 AI 기술을 가진 인재들이 모여있는 벤처를 인수 합병하는 방법도 가능하다. 프리랜서로 활동하는 개인과 계약해서 인재를 확보하는 방법도 있다. 기업이 대학교와 협력해서 특정 학과 졸업생을 채용하는 방법도 있다.

산업 AI 인재는 AI 지식과 산업 지식을 융합해서 목표를 달성한다. AI 교육과 산업 교육은 학교에서 이론 중심으로 할 수 있지만 현실적인 산업 AI 교육은 기업에서만 할 수 있다. 그러므로 산학협력 교육이 매우 중요하다. 학교에서 교육만 받으면 현실을 무시한 탁상공론에 그칠 우려가 있다. 산학협력은 산업계의 수요를 지속적으로 파악하고 교육에 반영한다.

AI 리터러시 교육을 전면 시행하라

AI 본질을 이해한다

요즘은 업무에 필요한 자료가 있으면 가장 먼저 AI를 이용해서 찾는다. AI가 업무 방법을 개선할 수 있다고 여기기 때문이다. 한국인 Z세대의 80퍼센트는 AI를 이용해서 자료를 찾는데 이 비율은 다른 국가와 비교해도 매우 높은 편이다.[33] 독일 61퍼센트, 미국 56퍼센트 수준이다. 한국인은 컴퓨터를 사용하는 비율과 생성형 AI를 사용하는 비율도 가장 높은 수준이다. 동시에, 한국인은 자신의 업무가 AI로 인해 위협을 받을 수 있다고 느끼는 비율도 매우 높다.[34] 한국인은 자신의 디지털 기술 숙련

도가 업무에 충분하지 않다며 매우 불안해한다. 한국인은 왜 이렇게 AI를 불안하게 여길까? AI 리터러시 교육을 충분히 받지 못해 AI의 본질을 제대로 이해하지 못하기 때문이다.

이에 비해 미국은 2018년부터 학생을 대상으로 AI 리터러시 교육을 시작했다.[35] 'AI4K12'라고 불리는 교육과정을 유치원에서 2학년, 3학년에서 5학년, 6학년에서 8학년, 9학년에서 12학년으로 4단계 구분해서 실시한다. AI에 관한 지식은 물론이고 활용하는 능력까지 포함해서 다섯 개 주제로 구분한다. AI 기술이 진화해서 가르치는 내용이 변하더라도 주제는 변하지 않는다.

- **인지:** AI는 센서를 사용해서 세계를 인식한다.
- **표현과 추론:** AI는 대상 세계를 모델로 표현하고 그 모델을 이용해서 추론한다.
- **학습:** AI는 데이터를 이용해서 학습한다.
- **자연스러운 상호작용:** AI는 인간과 자연스럽게 대화한다.
- **사회적인 영향:** AI는 사회에 긍정과 부정의 영향을 준다.

AI 리터러시 교육을 실시한다

기업에서는 경영자를 포함해서 사원 전원을 대상으로 AI 리터러시 교육을 실시한다. AI 리터러시는 AI를 업무는 물론이고 일상생활에서 활용할 수 있는 능력을 말한다. AI 리터러시 교육은 AI 시대에 꼭 필요한 기본적인 내용이기 때문에 모든 사원이 대상이다. AI 리터러시 교육은 전문 교육기관이 제공할 수 있다.

AI 리터러시 교육에 가장 활발한 기업은 기술기업이다. 모든 사원에게 기초이론과 다양한 AI 사용 방법을 가르친다. 기초이론을 배우면 AI의 인풋이 무엇이며, 아웃풋은 어떻게 생성되는지 이해한다. AI가 잘하는 업무와 못하는 업무를 이해할 수 있다. 현재는 어른이 하는 일은 AI가 잘하고 아이가 하는 일은 AI가 약하다는 평가를 받지만, 시간이 가면 기술은 진화하기 마련이다. 교육 내용은 기술 교육과 운영 교육으로 나뉜다.

- **AI 기술 교육**

AI 기초, 프로그래밍, 빅데이터 분석, 알고리즘과 같은 기술을 교육한다. 기술 교육에서는 기계 학습이나 심층학습과 같은 기술을 이해하고 자연언어처리나 영상처리와 같은 기술의 원리를 이해한다. 로우코드나 노코드 환경에서 기초적인 프로그래밍도 직접 해본다. 데이터는 가능한 현장에서 수집한 데이터를 이용한다. 데이터를 분석하고 원하는 아웃풋을 생성하기 위해서는 스스로 처리하는 능력이 있어야 한다.

▪ AI 운영 교육

AI 도입 효과, 도입 비용, 조직 구성, 팀원 선발과 같은 주제를 교육한다. 현실 문제를 해결하려면 혼자 힘으로는 하기 어려우므로 여러 명이 협력해서 팀으로 작업한다. AI 기술은 기본 원리를 이해하는 수준이면 되지만 AI를 특정 산업에 활용하려면 실습시간을 충분하게 확보해야 한다. 다양한 배경을 가진 이해당사자들이 팀을 구성해서 소통하고 수시로 변하는 상황에서 적절하게 AI를 활용하는 능력을 키운다. 논리적인 사고, 커뮤니케이션, 프로젝트 매니지먼트 등 인간의 장점을 충분히 발휘할 수 있도록 장려한다.

AI 리터러시 교육은 기초 과정에서 심화 과정으로 이어질 수 있다. 산업 지식을 기준으로 교육 수준을 다르게 설정할 필요가 있다. 특정 산업 지식이 많을수록 그 산업에 AI를 도구로 사용해서 더 좋은 아웃풋을 얻을 수 있다. 산업 지식이 부족한 상태에서 AI를 사용하면 원하는 아웃풋을 얻기 힘들다. 산업 지식이 부족한 사원이 생성한 아웃풋은 거의 다 비슷하게 저조하다. 산업의 특징을 깊이 알지 못하면 AI를 사용하는 방법이 비슷할 수밖에 없다.

AI는 자료를 정리하고 요약하는 기능은 뛰어나지만 그렇다고 단번에 업무에 사용할 수 있는 수준의 아웃풋을 만들지는 못한다. AI가 생성한 아웃풋을 산업 특징에 맞추어 평가하고 질문하는 과정을 계속 반복하면서 아웃풋의 수준을 높여야 하는데 이 과정에서 사원의 산업 지식이 중요하게 작용한다. 산업 지식이 많고 경험이 풍부하면 AI와 질문하고 대답하는 과정에서 시행 착오를 거치면서 예상하지 못했던 아웃풋을 얻을 수 있다.

　AI에 대한 기본적인 이해가 부족한 사원이라도 교육을 이수 한 후에는 자신의 생활이나 업무를 효과적으로 수행하기 위해 AI를 활용할 수 있어야 한다. AI가 무엇인지 기술의 특징을 이 해하고 경영에 활용하는 방법을 습득해서 AI를 업무와 일상에 활용할 수 있도록 한다. AI를 활용한 경험을 쌓으면서 AI와 질 문하고 대답하는 방법을 모색한다.

AI 리터러시 경험을 축적하라

　배우면 즉시 사용해야 한다. 실제로 AI를 업무에 사용해서 결 과를 생성하는 경험을 축적한다. 도구는 많이 사용할수록 손에 익는다. AI를 도구로 활용하는 경험이 늘어날수록 도구를 활용 하는 범위가 늘어난다. 도구를 활용하는 능력이 향상되면 작업 하는 방법이나 절차를 개선할 수 있다.

　AI는 도구이지만 도구는 사용법을 이론적으로 아무리 많이 알아도 소용없다. 도구를 어디에 어떻게 사용할지는 경험을 통 해서만 익힐 수 있다. 업무 흐름과 처리 방식에 다양한 도구를 비교하면서 사용하면 업무 흐름을 개선할 수 있다. 업무 흐름을 개선하는 기준은 새로운 가치 창조다. AI를 활용해서 얼마나 많은 가치를 만들었는지가 기준이다.

AI를 도구로 사용하는 경험을 쌓으려면 업무에 기반한 온더잡 형식이 좋다. 사용자가 원하는 아웃풋을 만들기 위해 도구를 어떻게 사용할지 시행착오를 반복하면서 도구의 특징을 파악한다. 도구를 어떻게 사용하면 어떤 아웃풋이 나오는지는 경험을 통해서만 알 수 있다.

경험을 쌓는 과정에서 질문이 매우 중요하다. AI에게 질문을 다르게 하면 아웃풋도 변한다. 어떤 질문에 아웃풋이 어떻게 변하는지 관찰한다. 가장 좋은 아웃풋과 최적의 아웃풋을 구분한다. 예를 들어, 재무 상황을 무시한 대답은 이론적으로는 가장 좋은 아웃풋이 될 수 있지만 현실을 반영한 최적의 아웃풋은 되기 어렵다. 이런 경우에는 AI와 대화하면서 재무 관점에서 대답하라고 요구한다. 혹은 AI에게 단계별로 질문하고 나누어서 대답을 듣는다. 사용자의 지식이 한정적이라 질문 자체에 부족한 점이 있을 수도 있다. 이런 경우에는 질문에 어떤 내용이 부족한지 AI에 거꾸로 물어본다. 문제를 정의하고 부족하거나 틀린 부분을 지적해서 수정하는 과정이 필요하다.

최적의 아웃풋과 이를 획득하기 위한 과정을 자연언어를 사용해서 대화 형식으로 이어간다. 인간과 AI가 질문과 대답을 계속하면 최적의 아웃풋이 나올 수 있다. 질문과 대답 과정을 데이터베이스에 축적하고 라이브러리로 만들고 참고할 수 있다. AI와 어떤 질문과 대답을 반복할지는 인간의 능력이지만, 질문과 대답 과정을 축적하면 결국 기업의 능력이 된다. 이런 과정을 체계적으로 개발하는 기술을 프롬프트 엔지니어링이라고 한다. 프롬프트는 질문법이다. 프롬프트 엔지니어링 수법은 다음과 같다.

- **제로샷**(zero shot prompting): 개인이 일상적인 질문을 하고 답을 원하는 경우라면 특별한 준비가 필요없다. 즉흥적으로 생각하고 빠르게 질문하여 답을 구하기 때문에 정확한 답을 얻기에는 한계가 있다.

- **퓨샷**(few shot prompting): 본격적으로 질문하기 전에 먼저 사례를 제시한다. 사례가 적은 만큼 어떤 사례를 제시하는지가 중요하다. 문제의 범위가 좁으면 소수 사례만 학습해도 좋은 답을 얻을 수 있다.

- **체인**(chain of thought prompting): 문제가 복잡한 경우에는 어떤 순서로 문제를 풀어갈지 미리 제시한다. 답을 구하려면 순서대로 진행할 필요가 있는 경우에 유효하다. 순서를 정확하게 제시하면 복잡한 문제를 원하는 대로 해결할 수 있다. 순서를 정하려면 미리 생각해야 하므로 시간이 필요하다.

사원 교육과 직무 전환의 중요성

기업에 인재는 가장 중요한 자원이다. 인재가 없으면 기업의 성장은 있을 수 없다. 하지만 한번 인재가 영원히 인재는 아니다. AI 경영을 도입하면 인재를 계속 인재로 만드는 노력이 필요하다.

기업에서 인재를 정의하려고 해도 기준을 명확하게 만들기 어렵다. 시장과 기술이 변하는 속도가 워낙 빠르다 보니 기업에서 필요로 하는 인재상이 변하기 때문이다. 기업 경영자 열 명 중 아홉 명은 기업의 기술 격차는 더욱 심화할 수 있다고 예상한다.[36] 이런 상황을 해결하기 위해 기업에서는 사원 교육이 여전히 중요하다. 아무리 기술이 발전하고 시장이 변해도 사원 교육이라는 활동을 버리기 어렵다.

사원을 교육하려면 먼저 미래에 필요한 스킬을 정의해야 한다. 스킬이란 업무 수행에 필요한 역량이다. 스킬을 명확하게 정의해야 누구에게 어떤 교육을 할지 정할 수 있다. 바로 이 지점에 문제가 있다. 지금 당장 필요한 스킬은 정의할 수 있으나 미래에 어떤 스킬이 필요한지는 정의하기 어렵다. AI로 인해 파괴적 혁신이 일어나고 있기 때문이다.

미래에 필요한 스킬을 명확하게 정의하고 부족한 스킬을 교육해서 미래에 활용하기에는 한계가 있다. AI 기술은 변화 속도가 매우 빠르고 업무 수행에 필요한 스킬 역시 빠르게 변하고 있다. 기업에서 필요하다고 정의한 스킬은 시간이 조금만 지나도 크게 변한다. 하지만 미래 5년 정도라면 기업의 경쟁력에 필요한 스킬을 정의할 수 있다. 현재 시점에 누가 어떤 스킬을 보유하고 있는지도 파악할 수 있다. 만약 시간을 5년 정도 미래로 잡는다면 특정 인재가 현재 보유한 스킬과 미래에 필요한 스킬의 차이점인 스킬 갭을 파악할 수 있다. AI가 인간을 대체하는 범위가 넓어질수록 사원의 능력과 직무 수행 요건 사이의 차이가 벌어질 가능성이 크다. 이를 '스킬 갭'이라고 한다.

스킬 갭은 개인의 능력이 산업 변화를 따라가지 못하는 현상을 말한다.[37] 세계경제포럼(WEF)은 2030년까지 10억 명 이상에게 스킬 갭이 생기며 이들에게 리스킬링이 필요하다고 보고했다.[38] 가장 큰 원인은 디지털 전환이다. 기업이 처한 환경과 노동시장은 과거에서부터 이어지는 연속적인 변화가 아니라 파괴적 혁신으로 인한 불연속 변화를 맞이한다.

미국 기업은 사원이 직무를 수행하는 능력이 부족하고 스킬 갭이 크다고 판단하면 즉시 해고한다. 하지만 한국은 즉시 해고도 어렵고 전혀 생소한 직무로 전환하기도 어렵다. 미국보다 한국에서 사원 교육이 더 중요하다.

스킬 갭을 메우는 사원 교육은 크게 두 가지로 나눌 수 있다. 업스킬링과 리스킬링이다. 업스킬링은 직무 능력향상에 해당한다. 현재 수행하고 있는 업무를 대상으로 처리 능력을 향상하기 위해 새로운 기술을 습득하는 과정이다. 리스킬링은 직무 전환을 위한 능력 개발이다. 현재의 업무를 포기하고 완전히 다른 업무를 수행하기 위해 새로운 기술을 습득하는 과정이다. AI 경영을 도입한 기업에서 AI가 인간을 대체하면 그 업무를 수행하던 인간에게는 리스킬링이 필요하다.

전문적인 지식이 필요한 고스킬 업무와 큰 기능이 필요하지 않은 저스킬 업무에 비해 중간 정도의 스킬이 필요한 업무의 수요가 가장 먼저 줄어든다. 예를 들어 고스킬이 필요한 심장외과 의사와 저스킬이 필요한 화장실 변기 청소는 당분간 인간이 수행한다. 중간 정도의 스킬이 필요한 사무업무는 AI가 인간을 대체한다. 그 결과 고스킬 및 저스킬은 수요가 높고 중간 스킬은 수요가 낮은 고용 형태로 양극화된다. 그렇다고 해서 저스킬 노동의 임금이 상승하지는 않는다. 고스킬 노동은 수요가 높아도 인재 양성에 시간이 오래 걸린다.

리스킬링은 주로 중간 스킬을 대상으로 한다. 예를 들어 고객 센터 전화 상담원, 증권회사의 주식 트레이더, 변호사의 판례 검색, 회계사무소의 정형적인 경리 처리, 병원에서 과거 사례를 학습하고 환자의 병명을 의사에게 조언하는 업무가 포함된다. 이런 업무에 종사하는 인간은 새로운 업무로 전환해야 하므로 리스킬링이 필요하다. 중간 스킬의 업무라도 인간과 인간의 커뮤니케이션이 필요한 업무는 고용이 줄지 않고 오히려 더 늘어난다.

과거에는 리커런트(recurrent) 교육이 중심이었다. 반복과 순환이라는 의미의 교육 방식인데 주로 외부에 있는 전문 교육기관이 교육과정을 주도했다. 사회인 교육이나 생애 학습이라고도 부른다. 이에 비해 리스킬링 교육은 동일 산업에서 직무 전환하거나 아예 다른 산업으로 전환한다는 의미가 포함된다. 리스킬링은 언러닝과 소셜 러닝으로 학습한다. 언러닝은 현재의 스킬을 버린다는 개념이다. 새로운 산업에 필요한 스킬을 습득하기 위해서라면 과거의 스킬을 과감하게 버릴 수 있어야 한다. 소셜러닝은 여러 명이 어울려 서로 피드백을 주면서 학습하는 방법이다. 타인의 장점을 모방하고 서로 가르쳐주고 공유하면서 학습하는 방식이다. 동기부여가 잘되고 목표를 달성하기 좋다.

일종의 경험칙으로 20대 80 법칙이 있다. 기업 구성원의 20퍼센트는 항상 학습하고 성과를 내지만 나머지 80퍼센트는 학습하지 않으며, 성과도 거의 없다는 법칙이다. 리스킬링에 적극적으로 대응하는 사원은 20퍼센트 수준이다.[39] 나머지 80퍼센트의 사원은 학습하는 습관이 없다. 학습하지 않는 이유로 시간이 없다거나 돈이 없다는 이유를 댄다. 학습할 필요조차 느끼지 않는 가장 큰 이유는 변화해야 한다는 위기감이 없기 때문이다.

기업은 어떤 인재가 어떤 기술을 가졌는지 파악하고 스킬 갭이 발생하기 전에 업스킬링이든 리스킬이든 실시해야 한다. 스킬을 습득하는 과정과 행동으로 나타내는 과정은 동시에 진행해야 한다. 이를 교육받으면 즉시 업무에 적용할 수 있는 환경이 중요하다. 새로운 지식이나 스킬을 습득했다는 사실만으로는 아무 의미가 없다. 어떤 교육을 해도 사원이 스스로 행동하지 않으면 아무런 변화가 생기지 않는다. 교육에 드는 투자는 사원이 행동한 결과를 통해서만 성과를 회수할 수 있다. 리스킬링은 한 번 하고 끝내는 일회성 이벤트가 아니다. 정기 교육과 비정기 교육으로 구분해서 계속 반복해야 한다.

사원마다 스킬이 다르고 개인 맞춤형 교육이 필요하므로 일일이 관리하기 번거롭다. 스킬 인텔리전스는 디지털 툴을 사용해서 교육과정을 지원하며 데이터를 활용해서 인재를 관리한다. 입력하는 데이터는 학력, 경력, 교육, 연수 실적이다. 스킬 인텔리전스를 활용하면 누가 어떤 스킬을 가졌는지 기록하고 추적하기 쉽다.

인재는 자본이다

인적 자원에서 인적 자본으로

AI 경영에 필요한 인재는 표준화가 아니라 개별화를 지향한다. 개인이 가진 지식이나 기술은 좁게 보면 개인 경쟁력의 원천이고 넓게 보면 조직의 경제가치나 생산성을 올릴 수 있는 자본이다. 인적 자본은 물적자본과 함께 광의의 자본이라고 한다. 협의의 자본은 설비나 도구처럼 생산에 직접 사용되는 설비이며 이를 물적자본이라고 한다. 인적 자본이란 구성원에게 축적된 지식이나 기술이다. 인적 자본의 투입물은 교육과 훈련을 통한 투자이며 산출물은 경제가치나 높은 생산력이다. 교육과 훈련을 통해 구성원이 지식과 기술을 많이 축적할수록 조직의 자본은 더욱 커진다.

과거에는 인적 자원(human resource)이라는 개념이 일반적이었다. 인적 자원은 구성원에게 지급하는 인건비를 비용으로 간주하므로 비용을 얼마나 절감하는지가 관건이다. AI로 인간을 대체하면 인건비를 절감한다는 사고방식이다. 인건비를 줄이려는 기업은 소수 정예부대라는 용어를 사용해서 기업의 노력을 미화한다.

이에 비해 인적 자본(human capital)은 인간과 AI가 협력해서 새로운 가치를 창조한다는 사고방식이다. 인재를 비용이 아니라 자본이라고 부르는 이유는 인재가 기업의 생산성과 성장에 결정적인 역할을 하기 때문이다. 인적 자본은 기계나 건물처럼 기업의 가치를 창출하고 증식시킨다. 인재는 AI 알고리즘을 개발하고, 특정 산업에 AI를 융합해서 새로운 가치를 창조한다. 업무에 AI를 도입해서 생산성을 획기적으로 향상시킨다. 인재는 혁신을 주도해서 기업이 최고 수준의 성과를 내도록 만든다.

기업 가치는 과거에는 토지나 건물 같은 유형자산이 중심이었다. 미국은 2002년에 처음으로 유형자산보다 무형자산 투자가 더 많았고 그 후로는 무형자산 투자가 더 많다. 스탠퍼드대학교 에프라트 카스즈니구 교수는 특허나 데이터와 같은 무형자산이 만드는 가치가 기업의 시가총액에서 차지하는 비율은 1980년 17퍼센트에서 2020년 84퍼센트로 늘어났다고 말한다.[40] 무형자산은 지식재산이나 브랜드처럼 오랜 시간을 들여 지식, 기술, 경험을 토대로 만들어진다. AI 경영에는 인재는 비용이 아니라 자본이라며 중요하게 여기는 이유다. 인적 자본이 클수록 가치 창조 능력이 커진다.

인적 자본의 국제 표준

인적 자본을 구성하는 요소는 국제 표준으로 정해져 있다. 2018년 국제표준화기구(ISO)는 ISO 30414 〈조직의 내외부 이해관계자를 위한 인적 자본 보고 가이드〉에서 11영역 49항목을 권고했다.[41] 권고이기 때문에 인증제도도 없고 반드시 적용해야 하는 의무도 없다. 공개하더라도 반드시 모든 항목을 공개할 필요는 없다. 기준이 명확하므로 인적 자본을 정량적으로 나타낼 수 있다. ISO가 권고하는 11영역과 주요 항목은 다음과 같다.

- **컴플라이언스와 윤리:** 불만, 징계 처분 수, 종류 등
- **비용:** 인건비, 채용 비용 등
- **다양성:** 나이, 성별, 장애, 경영진의 다양성 등
- **리더십:** 경영층이나 관리직에 대한 신뢰 등
- **조직문화:** 참여, 직원 만족도 등
- **조직의 건강과 안전:** 산재로 인한 상실 시간, 산재 건수, 발생률 등

AI 매니지먼트

- **생산성:** 종업원 1인당 매출과 이익 등
- **채용, 이동, 이직:** 채용에 걸리는 일수, 수요 직위 등용률, 이직률 등
- **스킬과 능력:** 인재 육성과 연수 비용, 1인당 연수 시간 등
- **후계자 육성:** 사내 승진, 사외 채용, 후계자 준비율 등
- **노동력:** 종업원 수, 사외 노동자 수, 결근율 등

인적 자본의 공시

인재를 인적 자원이 아니라 인적 자본으로 간주하는 기업이 늘어나고 있다. 인적 자본을 공개하면 기업을 비교할 수 있으므로 특정 기업의 가치를 평가하는 데 활용할 수 있다. 기업이 인재 개발과 육성에 얼마나 투자하고 있는지 명확하게 밝혀진다. 그 결과, 인재 채용부터 관리에 이르기까지 모든 과정이 변하게 된다. 평생직장이라는 개념이 사라지고 직장은 개인의 지속적인 성장을 위한 발판으로 기능한다. 기업에 입사하면 어떤 교육을 받고, 어떤 경험을 해서 어떤 기술을 익히며, 언제 승진하는지 알 수 있다. 지금까지 구성원 숫자만 공개하던 조직이 인적 자본을 공개하면 조직에 큰 변화가 예상된다.

한국은 인적 자본의 공시를 2026년 이후로 예상하지만 인적 자본을 명확하게 정의하고 공개하려는 노력은 주요 국가에서는 이미 시행되고 있다.

미국은 2020년에 증권거래위원회(SEC)가 미국 증시에 상장된 기업을 대상으로 인적 자본 공시를 의무화했다.[42] 상장 기업은 2021년부터 기업의 인적 자본 관리와 관련된 정보를 투자자에게 제공한다. 투자자는 공시를 통해 기업의 장기적인 성장 가능성과 인재 리스크를 이해할 수 있다. 공시는 기업의 연례 보고서인 10-K 양식에 포함된다.

10-K에는 재무제표, 경영진의 논의와 분석, 리스크, 기업의 조직 및 사업, 이사와 경영진의 보상, 주요 계약 및 법적 문제가 포함된다. 인적 자본 공시 항목에 대한 구체적인 형식은 정해지지 않았지만, 공시 항목에는 인력 유치, 인력 개발, 인력 유지, 인력 충원에 걸리는 시간, 인재 개발 및 훈련 비용, 내부 충원 비율 등이 포함된다.

- **인적 자본 관리 전략:** 채용, 유지, 교육, 능력 개발, 보상, 근무 환경을 포함한다.
- **중요한 인적 자본 요소:** 인적 자본의 특징, 주요 고용 지표, 인력 안전, 다양성 및 포용성을 포함한다.
- **인적 자본에 대한 리스크:** 인력 부족, 노동력의 질 변화, 인건비 증가를 포함한다.
- **지속적인 개선을 위한 노력:** 교육 프로그램, 직원 복지 향상, 근무 환경 개선을 포함한다.

일본은 기업 가치의 지속적 성장을 위해 2023년부터 유가증권 보고서에 인적 자본 기재를 의무화했다. 인적 자본을 7분야 19항목으로 정의하고 사례를 제시했다.[43] 7분야와 주요 항목은 다음과 같다.

- **인재 육성:** 리더십, 육성한 스킬, 경험이 포함된다. 인재 육성을 위해 투입한 교육연수 비용과 시간, 스킬 향상 프로그램의 종류와 대상자 등을 공개한다.
- **인게이지먼트:** 인게이지먼트는 관여 혹은 참여로 번역할 수 있는데 구성원 만족도로 나타난다. 구성원이 노동환경, 업무, 업무방식 등에 대해 보람을 느끼고 있는지를 나타낸다. 진단 도구를 이용한 참여 조사의 실시 결과와 참여를 지속적으로 향상하기 위한 노력을 공개한다.
- **유동성:** 채용, 유지, 후계자의 항목이 포함된다. 인재 유지나 정착에 관한 대처, 채용 비용, 채용 인원, 이직률 등 데이터를 공개한다.
- **다양성:** 비차별, 육아 휴업이 포함된다. 구성원 연령, 여성 관리직의 비율과 추이, 남성의 육아 휴직률, 남녀 간의 급여 격차 등을 공개한다. 정규직과 비정규직의 복리후생 등 차이도 공개한다.
- **건강과 안전:** 정신 건강, 신체 건강, 안전 항목이 포함된다. 구성원의 건강 유지, 노동환경 개선에 대해 기업이 실시하고 있

는 구체적인 시책이나 수치를 공개한다.

- **노동 관행:** 아동노동과 강제 노동, 임금의 공정성, 복리후생, 노동조합과의 관계 항목이 포함된다. 노동의 대가로 적정한 수준으로 임금을 지급하는지, 복리후생의 종류와 대상자, 노동조합원 비율 등을 공개한다.
- **컴플라이언스와 윤리:** 기업이 법령을 준수하고 사회 규범과 높은 윤리관을 바탕으로 경영하는지 공개한다. 컴플라이언스와 윤리에 관한 연수, 연수받은 직원 비율, 상담 건수 등을 공개한다.

지속 경영을 원하는 기업이라면 인적 자본을 중시하는 경영 전략을 만들어야 한다. 투자자만이 아니라 사회 전체에서 기업의 인적 자본에 대한 관심은 매우 높다. 경영자는 기업 가치를 높이기 위해 우수한 인재를 채용하고 양성하며 이직 방지에 힘쓴다. 구성원의 학력, 경력, 기술과 같은 외형 요소만이 아니라 추진력, 소통력, 긍정적인 성격처럼 내면 요소를 중요하게 여긴다.

AI로 대체하기 어려운 업무는 대부분 이해관계가 복잡하게 얽혀 있으며 담당자들의 판단 기준이 다르다. 이런 업무에서 의사 결정을 하려면 인간이 주체적으로 나서야 한다. 이처럼 인간의 내면에 숨어있는 요소를 비인지 능력이라고 한다. 비인지 능력을 키우려면 창조력, 변화력, 개방력, 포용력, 주도력, 돌파력이 필요하다.

AI 매니지먼트

chapter 6

AI 경영에
투자하라

AI 경영에
얼마나 투자할까?

빅테크의 AI 투자

"절대로 돈을 잃지 말라. 이 규칙을 절대로 잊지 말라."

가장 유명한 투자가인 워런 버핏은 투자의 첫 번째 규칙과 두 번째 규칙을 이렇게 정했다. 이런 버핏도 AI 기업에 투자를 늘리고 있다. 그는 아마존에도 투자하고 스노우플레이크에도 투자한다. 두 기업 모두 클라우드에서 AI 솔루션을 이용할 수 있는 서비스를 제공한다.

AI 투자는 늘어나고 있다. 먼저 빅테크의 AI 투자 규모를 보자. 전 세계에서 AI 연구개발에 투자한 총액은 2022년 1,896억 달러에서 2023년 2,387억 달러로 증가했다.[1] 대표적인 빅테크로 미국의 주식 시장을 주도하는 애플, 마이크로소프트, 알파벳, 아마존, 엔비디아, 테슬라, 메타를 매그니피센트 7이라고 부른다. 이들 빅테크가 AI에 투자한 금액은 2022년 44억 달러에서 2023년 246억 달러로 늘어났다.

빅테크는 유니콘 AI 벤처에도 막대한 자금을 투자하고 기술 협력을 강화한다. 기업 가치 10억 달러 이상인 벤처를 유니콘이라 부른다. 신규 유니콘에서 AI 벤처가 차지하는 비율은 2022년 25퍼센트에서 2024년 45퍼센트로 증가했다.[2] 요즘 벤처 중에 AI를 활용하지 않는 곳을 찾기 어렵다. 시장을 주도하는 빅테크와 AI 기술에서 선두를 달리는 벤처는 막대한 자금을 투자해서 후발주자와 기술 격차를 벌리려고 한다.

빅테크가 AI 벤처에 투자하는 금액은 상상을 초월할 정도로 거액이다. 2024년 5월 벤처캐피털을 포함한 투자가들은 xAI에 60억 달러를 투자했다. 2023년 일론 머스크가 설립한 AI 벤처인 xAI는 비상장 기업에 대한 투자로는 역사상 최대 금액을 유치했다. 놀라움도 잠시다. 기록은 5개월 만에 바뀌었다. 2024년 10월 오픈AI는 마이크로소프트, 소프트뱅크, 엔비디아 등 빅테크에서 66억 달러 투자를 유치했다.[3] 오픈AI는 자금을 컴퓨팅 용량 증가에 사용한다. 빅테크들이 합심해서 대규모로 투자한 이유는 막대한 수익을 기대하기 때문이다. 투자가들은 오픈AI가 2년 이내에 영리기업으로 전환하지 못하면 자금을 회수할 수 있다는 조건을 걸었다.

벤처 투자에는 리스크가 크다. 벤처는 매출 증가나 원가 절감과 같은 성과를 즉시 만들지 못한다. 과거에 IT 벤처가 무료 서비스로 고객을 끌어모은 후에 수익을 만들던 사업모델은 AI 벤처에는 통하지 않을 수 있다. 기업이 AI를 활용해서 투자 대비 효과를 얼마나 얻을지 불확실하다. AI 벤처에 막대한 투자를 해도 수익을 내지 못하면 자연스럽게 AI 거품론이 등장한다. 투자은행인 골드만삭스는 AI 벤처에 대한 막대한 투자에 회의적이다.[4] 투자는 너무 많고 수익은 거의 없다는 이유에서다. 물론 반대 의견도 있다. AI 투자는 성과를 얻기까지 시간을 길게 보아야 한다는 주장이다.

거액의 투자를 유치한 오픈AI는 눈에 보이는 성과를 만들어야 한다는 조급함에 거꾸로 투자가에게 조건을 걸었다. 경쟁이 치열한 다섯 개 벤처에는 투자하면 안 된다는 조건이다. xAI, 세이프 슈퍼 인텔리전스(SSI), 앤스로픽, 퍼플렉시티, 글린이다. SSI는 오픈AI 공동 창립자인 일리야 수츠케버가 창업한 벤처다. 앤스로픽은 오픈AI를 퇴사한 연구원들이 만든 벤처인데 아마존과 구글이 투자했다. 퍼플렉시티는 AI 검색엔진을 개발하는 벤처이고 글린은 기업용 검색엔진을 개발한다. xAI의 일론 머스크는 이 조건이 부당하다며 오픈 AI와 마이크로소프트를 제소했다.[5]

AI 투자에 빼놓을 수 없는 두드러진 존재는 소프트뱅크다. 손

　　　　　　　　　　　AI 매니지먼트

정의 회장은 2017년 사우디 국부펀드를 포함한 투자가들과 함께 1,000억 달러 규모의 비전펀드를 조성하고 AI를 중심으로 투자한다. 비전펀드는 연못 속의 고래 혹은 나스닥 고래로 평가받았다. 전 세계 IT 벤처를 대상으로 대규모 투자를 하기 때문이다. 2019년에는 비전펀드 II가 설립되었다. 비전펀드는 세계 최대 규모의 벤처 캐피털 펀드다.

전 세계의 벤처 투자 기금은 2017년 1,480억 달러에서 2023년 2,484억 달러를 기록했다.[6] 2024년 벤처 캐피털이 투자한 금액은 1위 미국 894억 달러다.[7] 2위 중국은 229억 달러다. 이어서 영국 94억 달러, 인도 70억 달러, 프랑스 43억 달러, 독일 41억 달러를 투자했다. 한국은 20억 달러를 투자해서 9위 수준이다. 한국은 정부 주도로 국내 벤처 투자 규모를 2027년 16조 원으로 확장할 계획이다.[8]

2011년부터 2020년까지 벤처 캐피털이 출자한 벤처는 전 세계에 167,000개 사다.[9] 미국에 본사를 둔 벤처는 71,000개 사로 40퍼센트를 차지한다. 2위는 중국 벤처 16,000개 사로 10퍼센트를 차지한다. 2023년 미국 벤처가 투자받은 금액 672억 달러에 비해 한국 벤처는 14억 달러에 불과하다. 외국 시장 진입과 국내의 규제 회피를 이유로 한국 벤처가 외국으로 진출하는 사례가 늘어나고 있다. 2022년에는 세계 29개국에 259개 이상의 벤처가 진출했는데 51퍼센트는 한국에 모기업 없이 해외에서 창업했다.[10] 진출 방식은 단독 투자 76퍼센트, 해외기업과의 합작투자 8퍼센트, 해외 지사를 본사로 전환하는 플립 5퍼센트 순이다. 플립은 한국에 벤처를 설립하고 외국에 본사를 두는 방식이다.

투자에 앞서 개념을 실증하라

개념 실증 실험을 통해 AI를 검증한다

"얼마나 투자해야 하나?"

오픈AI가 개발자금으로 수십조 원을 투자한다니 우리도 AI 경영을 위해 수십조 원이 필요하다고 생각하는 경영자는 없겠지만 막연하게 투자할만한 자금이 부족하다고 여기는 경영자는 매우 많다.

투자 비용에는 초기 개발 비용, 운용 비용, 인재 비용이 포함된다. 초기 개발 비용은 개념 실증 비용, 데이터 수집 및 처리 비용을 포함한다. 운용 비용은 외부 플랫폼을 이용하는 비용이다. 투자에 따른 수익도 있다. 신규 고객 확보나 판매 서비스 향상에 따른 매출 증가를 기대할 수 있다. 작업 시간 단축이나 단위 시간당 작업량 증가 등 생산성 향상에 따른 원가 절감도 가능하다.

AI 경영의 범위가 정해지면 투자 규모의 윤곽을 잡을 수 있다. 투자 방법과 시기도 정할 수 있다. AI 경영의 범위가 변하면 투자 규모도 변한다. 하지만 AI 경영의 범위를 정하는 게 쉽지 않다. AI 경영은 작게 시작해서 크게 확장한다. 처음에는 주변 업무 개선을 중심으로 실행하다가 도입 효과를 확인하면서 점차 적용 범위를 핵심 업무로 확장한다. AI 경영을 어디서부터 시작하면 좋을지 정하지 못하면 투자 금액은 윤곽조차 잡을 수 없다. 경영자는 다른 기업이 AI 경영을 도입했다는 뉴스에 초조해서 처음부터 대규모 투자를 결정하면 안 된다.

AI 투자는 시간이 갈수록 투자 규모가 커지기 마련이다. 처음에는 가장 최소한의 규모로 투자한다. 어느 정도의 범위가 최소한일까? 한 번의 실험으로 개념을 검증할 수 있는 범위가 최소한의 범위다. 본격적으로 투자하기 전에 개념 실증 실험을 통해서 AI는 정말 문제를 해결할 수 있는지 검증한다. 실제로 업무에 적용해보지 않으면 알지 못하는 부분이 많기 때문이다.

개념 실증에 투입된 담당자는 AI 모델을 도입한 효과를 검증하기 위해 간단한 수치해석 모델을 스스로 만들어 돌려보아야 한다. 이때 사용하는 데이터는 업무에서 평소에 많이 사용하며 의미를 잘 알고 있어야 한다. 그래야만 AI 모델이 만드는 대답을 제대로 해석할 수 있다. 산업 지식과 AI 기술을 모두 잘 알아야 어떤 데이터가 어떤 의미를 갖는지 이해할 수 있다.

개념 실증에는 시간과 비용이 들기 때문에 최소한의 실험을 통해 AI로 문제 해결이 가능한지 검증할 수 있어야 한다. 개념 실증 실험을 거친 후에 투자 규모를 정하고 본격적으로 투자한다. 개념 실증 실험을 하기 전에 다음 질문에 답한다.

- **실험 목적은 명확한가?**

  실증 실험을 하기 전에 어떤 실험을 하면 좋을지 100개 이상 아이디어를 확산했나? 구체적인 아이디어를 선택해서 실증 실험하는가? 실험 결과에서 무엇을 알고 싶은가? 실증 실험이 과연 최선인가? 구체적인 업무 처리에 초점을 맞추었나?

- **실험은 실행 가능한가?**

  실험에는 검증이 가능한 예측이 포함되는가? 실험 범위를 명확하게 정했나? 실험해야 하는 가설은 명확한가? 실험은 검증이 가능한 예측을 동반하는가? 실험에서 무엇을 배우고 싶은가? 실험 결과를 바탕으로 무엇을 바꾸고 싶은가?

- **실험 결과의 신뢰성을 어떻게 담보할까?**

  편차에 대처하는 방법은 정했나? 누가 해도 같은 결과가 나오고 재현성이 있는가? 검증해야 하는 의문에 답을 내었는가? 가설이 분명한가? 구체적인 독립변수가 정해졌는가? 구체적인 종속변수를 검증할 수 있는가? 실험에서 최대의 가치를 도출할 수 있나? 최대 효과를 기대하는 영역에 실험을 집중하는가?

개념 실증 실험에서 투자까지 이어지는 단계

① 팀을 구성한다.

- 경영자는 실증 실험의 책임자다. 실증 실험은 톱다운으로 신속하게 진행한다. 평소처럼 다양한 안건을 살펴보고 관계 부서와 조정하고 협의하는 과정을 거친 후에 경영자의 승인을 받으려면 시간이 너무 오래 걸린다. 경영자가 직접 결정해야 빨리 실행할 수 있다.

- 실증 실험은 추진 팀에게만 맡기면 제대로 진행되지 않는다. 경영자가 전체의 흐름을 파악해야 한다.

② 개념 실증 실험을 기획한다

- 어떤 문제를 해결하고 싶은지 정의한다. AI 기술은 수백 개가 넘는다. 어떤 문제에 어떤 AI를 사용해야 하는지 정하는 작업도 어렵다.

- AI를 어떻게 활용할지 기획한다. AI 기획자에게는 AI 기술의 가능성을 이해하는 기술 관점과 업무를 어떻게 개선할지 정하는 경영 관점이 모두 필요하다. 어떤 업무에 어떤 AI 기술을 적용하면 좋을지 정하기 위해 업무 담당자와 AI 엔지니어도 기획에 참가한다.

- AI 시스템을 어떻게 작동할지 구체적인 방법을 설계한다. 실증 실험에서는 추정되는 요인을 독립변수로 두고 관찰할 수 있는 효과를 종속변수로 둔다. 이외의 요인은 모두 일정하게 유지한다. 독립변수가 변하면 종속변수가 어떻게 변하는지 조사한다.

- 실증 실험은 리얼 옵션 전략을 사용한다. 양자택일의 상황에서 작은 실험을 반복하고 선택지를 늘리는 방법이다. 리얼 옵션은 주식이나 통화 거래에서 사용하는 선택권인 옵션을 프로젝트나 투자에 적용하는 전략이다. 장래에 어떻게 할지 선택할 수 있는 옵션으로 마련한다. 리얼 옵션 전략은 실제로 해보지 않으면 모르는 불확실성이 매우 높은 영역일수록 유리하다. AI는 실제로 데이터를 학습시키고 사용해 보지 않으면 성과를 알기 어렵다. AI를 이용한 제품 품질 검사 프로젝트에 리얼 옵션 전략을 사용한다.

- 실증 실험은 스몰 배치 방식을 적용한다. 실험을 나누어서 하지 않고 추진팀이 다 실시한다. 포트폴리오를 만들어 여러 개의 실증 실험에 분산 투자해서 피봇을 가능하게 한다. 피봇은

사업 전환을 말한다.

③ 작동을 확인한다

- 알고리즘을 사용해서 작은 규모의 학습 데이터로 AI를 학습시키고 정확도를 검증한다. 학습 데이터의 질과 양, 모델의 투명성, 실시간 처리 등 기술을 검증한다. 시행착오를 거치면서 실용적인 수준을 지향한다. 문제를 해결하기 위해 검토한 다양한 기술이 실제로 현장에서 작동되는지 확인한다.

- 실증 실험이 잘 되어도 본격적인 AI 경영을 도입하는 단계로 연결되지 않는 경우도 많다. 예상보다 비용이 많이 들고 비용 대비 효과가 나오지 않는다거나 경영 관점, 보안 관점, 신뢰 관점에서 문제가 생기면 도입을 미루게 된다.

④ 효과를 검증한다

- 작동한 결과는 문제 해결에 효과가 있는지 검증한다. 판명된 결과를 어떻게 평가할지 실증 실험을 하기 전에 미리 정한다.

- 실증 실험의 결과가 지금까지 산업에서 관행으로 해오던 방식이나 암묵적으로 가지고 있던 상식에 반대한다면 경영자가 결과를 신뢰하지 않는 경우도 있다.

- 특정 업무에 AI를 활용하면 인간을 대체할 수 있다는 결과가 나온다면 현재 그 업무를 수행하는 인간은 결과를 신뢰하지 않는다.

- 학습한 모델을 사용해서 분석한 결과는 확률을 가지는 예측이므로 완벽할 수는 없다. AI 엔지니어는 기술 관점에서 데이터, AI 모델, 시스템 아키텍처를 검증한다. 업무 담당자는 경영 관점에서 업무 개선 효과를 검증한다.

⑤ 도입을 결정한다

- 실험에 드는 시간의 80퍼센트는 데이터 수집에 사용한다. 나머지 20퍼센트는 데이터 분석에 사용한다. 데이터의 근거가 없으면 실증 실험을 포기한다.

- 기대한 결과를 데이터로 검증하지 못해도 실증 실험을 계속하는 경우도 있다. 예를 들어 매출 증가를 기대할 수 없다는 결과를 얻어도 고객 충성도를 높이려면 실험이 필요하다고 판단할 수 있다. 제대로 작동하고 효과가 있다고 평가되면 대규모 AI 시스템의 요건을 정의한다. AI 시스템을 개발하고 업무에 도입한다. AI 시스템의 적절한 설계와 도입 방법을 이해하면 투자 효과를 최대화할 수 있다.

⑥ 업무에 활용한다

- 실증 실험은 AI 경영의 시작이다. 실제로 도입한 AI 시스템을 사용해서 업무를 수행한다.

- 투자 대비 효과를 구체적으로 판단한다.

Part 2.

AI 경영을
실천한다

AI 경영을 도입하면 AI 경영의 성과를 만들어야 한다. 투자에 대한 성과는 구체적인 매출 증가나 원가 절감처럼 눈에 보이는 형태로 드러나야 한다. 성과를 빠르게 만들기 위해서는 지식재산 패키지를 활용해야 한다. 특허나 표준처럼 외부에 공개된 내용만이 아니라 유스 케이스나 기술 로드맵처럼 기업 내부에서 고유하게 사용하는 내용을 묶어서 지식재산 패키지를 만든다. 시장에서 주도적인 위치를 유지하려면 퍼스트 그룹에 들어가야 한다. 명시적이든 암묵적이든 퍼스트 그룹에 들어가야만 시장의 독과점으로 이어진다. AI 경영은 기술 관리에도 중요한 포인트가 있다. AI는 민간용과 군사용으로 모두 사용할 수 있는 이중 용도 기술이기 때문에 대부분 국가에서 수출 규제가 엄격하다. 경영자는 먼저 〈AI 경영 성과 평가〉에 답을 하고 자기 평가를 한다. AI 경영으로 얼마나 성과를 만들고 있는지 확인할 수 있다.

AI 매니지먼트

AI 경영 성과 평가(경영자용)

(**1** 전혀 아니다. **2** 거의 아니다. **3** 애매하다. **4** 거의 그렇다. **5** 완벽하게 그렇다)

* 질문에 들어있는 '명확한' 혹은 '충분히'는 경영자의 주관적인 판단임.
* 경영자와 실무자의 판단이 다른 경우에는 경영자의 판단을 우선함.

1. 우리 회사는 AI 시장에 충분히 진입했나?

2. 우리 회사는 AI 지식재산 패키지를 충분히 확보하고 있나?

3. 우리 회사의 AI 상품은 시장에서 충분한 매출을 만들고 있나?

4. 우리 회사의 AI 상품은 시장에서 명확하게 사실상의 표준인가?

5. 우리 회사는 AI를 활용해서 명확하게 원가를 절감하고 있나?

6. 우리 회사는 AI 상품과 서비스에 지능, 가상, 연결, 융합을 충분히 반영하고 있나?

7. 우리 회사는 AI를 활용해서 고객과 함께 새로운 가치를 명확하게 창조하고 있나?

8. 우리 회사는 산업 AI에서 명확하게 퍼스트 그룹에 들어있나?

9. 우리 회사는 AI 기술 관리 체계를 명확하게 확립했나?

10. 우리 회사의 AI 상품 개발에 필요한 글로벌 공급망은 충분히 안정적인가?

평가

29점 이하: AI 경영을 본격적으로 실행한다.

30점 이상: AI 경영의 완성도를 높인다.

40점 이상: AI 경영의 다음 단계를 구상한다.

chapter 7

AI 경영의 성과를
빠르게 만들라

지식재산 패키지를 만든다

사례를 수집하고 프레임에 맞추어 분류한다

"어느 부서에서 담당하면 좋을까?"

"아무래도 IT 부서가 어울리지 않을까요?"

AI 경영을 도입하기로 정하면 담당 부서를 정해야 한다. 처음에는 AI 전문 부서가 없기 때문에 내부의 IT 부서를 담당 부서로 정하는 경우가 많다. AI 기술에 그나마 가장 가깝다는 이유에서다.

하지만 IT와 AI는 다르다. IT 부서에 소속한다는 이유만으로 프로그래머나 웹 개발자를 담당자로 지정하면 담당자는 어디서부터 시작하면 좋을지 막연하다. 담당자는 인터넷 사이트를 검색해서 AI 경영을 참고하거나 외부 강연회에 참석해서 사례를 수집한다. 대학원에서 AI를 전공한 신입사원을 채용해서 IT 부서에 배치하기도 한다. AI 경영이 어느 정도 진행되면 새롭게 AI 부서를 만들거나 산업 AI 인재를 사업부에 배치한다.

AI 경영을 도입하고 담당 부서를 정하면 가장 먼저 해야 하는 작업이 있다. AI 경영에 필요한 지식재산 패키지를 확보하는 작업이다. 구체적으로 어떤 작업인지 하나씩 살펴보자.

AI 경영을 도입하고 본격적으로 투자하려고 결정했으면 다양한 산업과 기업에서 이루어지고 있는 사례를 수집해야 한다. 사례 수집 단계에서는 수준이나 성공 여부를 따지지 말고 최대한 많이 수집해야 한다. 다른 기업이 AI를 어떻게 활용하는지 벤치마킹해서 사례를 수집한다. 우리 회사는 어떻게 하면 좋을지는 나중에 생각한다. 전시회나 세미나에 참석해서 공개된 사례를 수집하거나 각종 자료를 보면 사례는 쉽게 수집할 수 있다. 그 중 일부만 무작위로 나열하면 다음과 같다.

의료 영상 및 진단, 개인화된 치료, 건강 보조, 사기 탐지, 개인 맞춤형 재무, 신용 평가, 개인 맞춤형 쇼핑, 재고 관리, 고객 서비스 챗봇, 예측 관리, 품질 관리, 공급망 최적화, 자율 주행차, 대중교통 관리, 개인 맞춤형 학습, 지능형 튜터, 스마트 그리드 관리, 에너지 인프라 관리, 에너지 소비 최적화, 정밀 농업, 작물 모니터링, 콘텐츠 추천, 음악 제작, 위험물 탐지, 사고 대응, 개인 인증, 성과 관리, 부동산 평가, 고객 관리, 수요 예측, 창고 자동화, 공급망 최적화, 네트워크 최적화, 문서 요약, 판례 검토, 계약서 분석, 의료 진단, 알고리즘 거래, 감정 분석, 교통 경로 최적화.

어떤가. 위에 나열한 리스트는 실제로 진행되고 있는 사례도 있고 AI가 이런 일도 가능하다고 여기는 사례도 있다. 인간이 수행하는 업무가 천 개면 AI가 할 수 있는 업무도 천 개를 생각할 수 있다. AI가 인간을 대체할 수 있다는 이유로 인간이 수행하는 업무를 작은 단위로 쪼개서 AI를 활용할 수 있는 사례를 모두 나열하면 끝이 없다. 기술이 더욱 진화한 미래에 AI가 인간을 대체할 수 있다고 예상되는 사례까지 포함하면 무한에 가깝게 수집할 수 있다. 무한에 가까운 사례를 무작위로 수집하고 나열하면 참고하기 어렵다.

그래서 많은 기업에서는 자사에 편리한 프레임에 맞추어 사례를 구분한다. 예를 들어 의식주로 구분하거나 직업과 취미로 구분할 수도 있다. 창조와 모방이라는 프레임도 좋다. IBM은 고객, 창의, 기술, 산업이라는 프레임에 맞추어 AI 활용 사례를 공개한다.[1]

① 고객 대응에서 AI 활용 사례

- 우수한 고객 서비스: 대화형 AI를 활용해서 고객과 실시간으로 소통한다.

- 개인 맞춤형 고객 경험: 채팅봇이나 디지털 비서를 통해 모든 고객은 개인 맞춤형 경험을 할 수 있다.

- 교차 판매 및 상향 판매: 고객의 행동 데이터와 AI 알고리즘을 사용해서 상품을 추천한다.

- 스마트폰 기능 향상: 예를 들어 사용자의 대화를 인식하고 적절하게 대답하거나 스마트폰에 저장된 사진을 분석한다.

- 개인 비서: 가상 비서나 음성 비서는 인간의 질문과 요구를 이해하고 적절한 조치를 취한다.

- 인적 자원 평가: 사원의 업무 실적을 평가하고 승진 대상자를 선별한다.

② 창의적인 AI 활용 사례

- 생성형 AI로 생성하기: 소프트웨어 코드를 작성하거나 새로운 분자를 발견하는 등 AI로 창의적인 결과를 생성한다.

- 새로운 통찰력 제공: 데이터를 평가해서 추세와 패턴을 파악하고 의사 결정에 필요한 통찰력을 제공한다.

- 컴퓨터 비전: 디지털 이미지나 비디오 등 다양한 입력 데이터에서 의미를 발견한다.

③ 기술적인 AI 활용 사례

- IT 운영을 위한 AI: 디지털 전환에 필요한 투자를 회수하는 빠른 방법이다.

- 코딩 자동화 및 앱 현대화: 개발자가 자연어 인터페이스를 통해 코딩을 명령하면 AI가 코드를 생성한다.

- 앱 성능 향상: 앱이 일관되고 지속적으로 실행되도록 지원한다.

- 시스템 복원력 강화: 서비스를 중단 없이 제공하기 위해 사고 원인을 신속하게 파악하고 즉각 조치한다.

- 사이버 보안: AI는 사이버 보안 방식을 개선한다.

- 로봇 공학: 수술 로봇이나 농업 로봇처럼 물리적인 작업을 수행한다.

- 예방 보전: 기계에서 데이터를 수집하고 분석해서 문제를 식별한다.

- 미래 상황 예측: 알고리즘을 사용해서 미래의 요구 사항과 현재 상황을 비교하여 작업 완료에 필요한 시간을 예측한다.

④ 산업용 AI 활용 사례

- 자동차: 공급과 수요의 변화에 대응해서 생산량을 효과적으로 예측하고 조정할 수 있다.

- 교육: 학생에게 개인 맞춤형 교육 자료를 제공할 수 있다.

- 에너지: 수요 예측, 에너지 절약, 재생 에너지 최적화, 스마

AI 매니지먼트

트 그리드에서 경쟁력을 높일 수 있다.

- 금융: 비용과 성과의 균형을 맞춰 예산 낭비를 최소화한다.
- 의료: 데이터 분석, 진단, 치료를 일관되게 진행한다.
- 보험: 수동으로 하는 요율 계산이나 대금 지급 필요성 검토를 없앨 수 있다.
- 제조: 설계 옵션을 여러 개 만들어 제품 설계를 최적화할 수 있다.
- 제약: 생산 속도와 품질 개선을 신속하게 실행한다.
- 소매업: 소비자 수요를 깊이 이해하고 충족시킨다.
- 교통: 다양한 교통 시스템에 데이터를 제공하고 가장 빠른 경로를 결정한다.

사례를 보고 질문하고 대답하면서 아이디어를 확산한다

AI 활용 사례는 이미 많이 공개되어 있어 수집하기는 어렵지 않다. 수집한 사례는 AI 경영의 목표나 전략에 맞추어 프레임을 만들어 분류한다. 하지만 아무리 많은 사례를 수집하고 분류해도 사례에 숨어있는 의미와 가능성을 이해하지 못하면 실행하기 어렵다.

사례를 보고 질문하고 답하는 과정을 반복한다. 수집한 사례를 하나씩 살펴보면 자연스럽게 질문이 떠오르게 된다. 경영자는 하나의 질문에 여러 개의 답을 찾아 아이디어를 확산시켜야 한다. 하나의 사례에서 여러 개의 새로운 사례로 확장한다. 아이디어 확산에 가장 쉬운 방법은 5W2H 질문이다.

- **언제 = AI를 활용하는 시기는 언제인가?**

  예를 들어 글로벌 공급망을 상세하게 그리면 시기를 다양하게 정할 수 있다. 특정 업무의 시작에서 종료까지라면 일부 흐름만 대상으로 하거나 전체 흐름을 대상으로 할 수 있다.

- **어디서 = AI를 활용할 수 있는 업무 영역은 어디인가?**

  기업의 핵심 업무와 보조 업무를 구분한다. 핵심 업무는 하이 리스크 하이 리턴이 많고 보조 업무는 로우 리스크 로우 리턴이 많다. 처음에는 보조 업무에서 시작하고 성과를 확인하면 점점 핵심 업무로 확장한다.

- **누가 = AI가 하는가? AI와 인간이 협력하는가?**

  미래에는 AI만 한다는 전제를 가진다. 현재에서 미래를 향하는 기간에는 인간과 AI가 협력하는 방식이 많다. AI가 주도하면 기업과 고객이 협력하는 방식도 변한다.

- **무엇을 = 대상은 특정 업무인가? 특정 사업인가?**

  범위를 좁혀 특정 업무의 효율화를 추진할 수 있다. 효과가 입증되면 점점 범위를 늘린다. 사업으로 확장하면 기업은 지금까지 없었던 새로운 가치를 창조할 수 있다.

- **왜 = AI를 활용해서 어떤 문제를 해결할 수 있나?**

해결한 결과는 매출 증가 혹은 원가 절감으로 나타나야 한다. 매출 증가는 상품 개발과 새로운 판매 채널의 구축으로 실현할 수 있다. 고객의 기호나 불만을 파악하고 상품을 개인 맞춤형으로 제공할 수 있다. 예를 들어 패션 브랜드라면 AI를 활용해서 고객이 좋아하는 디자인을 제공하고 액세서리를 제공한다. 개별 고객에게 최적화된 디지털 콘텐츠를 작성하고 상품으로 제공할 수 있다. 원가 절감은 업무 처리 방식을 최적화하거나 효율화하면 실현할 수 있다.

- **어떻게 = AI의 어떤 기술을 어떤 방식으로 활용하는가?**

어떤 기술이라도 위협 요인과 기회 요인을 동시에 가진다. 예를 들어 시장 변동과 고객 행동을 추적하기 위해 특정 기술을 선택하면 비정상 거래를 탐지하고 사기를 예방할 수 있다. 기술을 선택하기 전에 기술을 사용하는 목적을 먼저 정한다. 만약 실시간으로 시장 변동을 모니터링하고 적절하게 대응하고 싶다면 이 목적에 가장 적합한 기술을 선택한다. 선택할 수 있는 기술은 대부분 한가지로 국한되지 않는다. 여러 기술을 대상으로 다양한 특징을 고려한 후에 기술을 선택한다.

- **얼마에 = AI 경영에 투자하는 금액의 한도는 얼마인가?**

같은 산업에 속한 기업이 투자하는 금액의 최대치와 최소치를 참고할 수 있다. 투자 규모가 크다고 생각하면 리얼 옵션 전략을 적용한다. 일정 기간이 지난 후에 성과를 보고 다음 기간동안 투자할 금액을 정한다.

유스 케이스를 작성한다

다양한 사례를 수집하고 분류한 후에 질문과 대답을 반복하면서 아이디어를 확산시킨다. 이 과정에서 우리 회사에 어울리거나 도전하고 싶은 사례가 드러난다. 상품이나 서비스로 개발할 가능성 있는 사례에 대해서는 더욱 구체적으로 검토할 필요가 있다. 이런 경우에 유스 케이스를 작성한다.

유스 케이스는 AI를 구체적으로 활용하는 방식을 검토하는 일종의 시나리오다. 유스 케이스를 참고하면 AI를 다양한 산업에서 어떻게 활용하면 좋은지 체계적으로 이해할 수 있다. 유스 케이스가 상세할수록 기존의 업무 처리 방식이나 사업모델에 AI가 미치는 영향을 예상할 수 있다.

업무 담당자는 자신이 담당하는 업무 관점에서 유스 케이스를 검토한다. 예를 들어, 영업 담당자는 제안서 작성, 고객 상담, 영업 전략, 고객 분석을 중심으로 유스 케이스를 검토한다.

마케팅 담당자는 마케팅 콘텐츠 작성, 고객 대응 방식을 중심으로 검토한다. 기획 담당자는 기획 입안, 프로젝트 관리, 조사, 리포트 작성을 중심으로 검토한다. 교육 훈련 담당자, 홍보 담당자, 채용 담당자 등 다양한 관점에서 유스 케이스에 드러난 기회 요소와 위협 요소를 확인한다.

유스 케이스는 세 종류로 구분해서 작성할 수 있다. AI 모델, AI 서비스, AI 시스템이다.

- **AI 모델:** 단순하게 말하면 알고리즘이다. 데이터를 학습한 알고리즘은 특정 문제를 해결할 수 있다. 이미지 인식 모델이나 자연어 처리 모델처럼 수학 모델이 많으며 특정 문제 해결을 목표로 학습한다.
- **AI 서비스**: AI 모델을 클라우드 기반에서 API 형태로 제공하는 형태를 말한다. API는 AI 모델과 사용자를 이어주는 인터페이스다. API를 통하기 때문에 사용자는 AI 모델을 직접 훈련 시키지 않아도 AI 모델을 쉽게 활용할 수 있다. 빅테크는 다양한 기능의 API를 제공한다.
- **AI 시스템:** AI 모델을 포함해서 다양한 기술을 융합해서 현실 문제를 해결하는 시스템이다. 자율 주행차나 스마트 홈 시스템처럼 범위가 넓고 복잡한 경우가 많다. 하나의 AI 시스템에는 여러 개의 AI 모델이 포함된다.

유스 케이스는 대부분 AI 시스템을 고려하기 때문에 국제 표준을 참고할 수 있다. 예를 들어 국제표준화기구(ISO)와 국제전기기술위원회(IEC)가 공동으로 작성한 기술 보고서에는 AI의 다양한 유스 케이스를 공개하고 있다.[2] 일반적으로 AI 시스템을 반영한 유스 케이스에는 다음과 같은 항목이 포함되어야 한다.

〈유스 케이스〉

- **번호:** 고유한 번호나 코드
- **제목:** 내용을 간략하게 설명하는 제목
- **개요:** 유스 케이스의 내용을 간결하게 요약
- **목표:** AI 시스템이 달성하려는 목표
- **참여자:** AI 시스템과 상호작용하는 다른 시스템이나 사용자
- **전제조건:** AI 시스템을 실행하기 전에 만족해야 하는 조건이나 상황
- **기본 흐름:** AI 시스템과 사용자가 정상적으로 상호작용할 때의 흐름
- **대체 흐름:** 기본 흐름에서 벗어난 예외적인 상황이나 대체 경로
- **사후조건:** AI 시스템이 작동을 끝낸 후의 상태
- **AI 기술:** 어떤 AI 기술을 어떻게 활용하는지 구체적으로 설명
- **예상 성과:** AI 시스템이 동작을 완료한 후에 얻을 수 있는 성과
- **성공 기준:** AI 시스템이 성공적으로 실행되었는지 평가할 수 있는 기준

- **위험 및 제한 사항:** AI 시스템 실행 중에 발생할 수 있는 위협 요소와 제한 상황
- **기타 고려 사항:** 윤리적, 법적, 사회적 특징을 포함한 고려 사항
- **유사한 유스 케이스:** 비슷한 목적을 가졌거나 비슷한 기술을 사용하는 유스 케이스
- **관련 특허:** 국내외 특허 출원 번호, 제목, 출원인
- **관련 표준:** 국내외 표준이나 사실상의 표준
- **관련 조직 및 담당자:** 벤치마킹하거나 협업이 가능한 조직과 연락처

경영자는 유스 케이스가 잘 만들어졌는지 판단할 수 있어야 한다. 유스 케이스는 AI를 어떻게 활용해서 어떤 가치를 창조할 수 있을지 예상하는 시나리오이므로, 경영자가 기술을 상세하게 몰라도 내용을 이해할 수 있어야 한다. AI 기술을 깊이 알지 못해도 유스 케이스를 보면 활용하는 방법을 이해할 수 있어야 한다. 경영자가 알 수 있을 정도가 되려면 유스 케이스에 사용하는 용어는 가능한 경영 용어나 일상 용어를 사용해야 한다.

유스 케이스는 인간과 AI가 상호 작용해서 목표를 달성하는 과정을 구체적으로 설명한다. 유스 케이스 내용은 구체적이어야 하며 내용을 읽으면 머릿속으로 상황을 이해할 수 있어야 한다. 유스 케이스를 검토하면 AI가 실제 환경에서 어떻게 활용되며 어떤 위협 요소가 있는지 예상할 수 있다. 내용을 오해하지

않도록 하려면 명사, 동사, 숫자만 사용해서 표현한다. 유스 케이스를 활용하면 AI를 투명하고 안전하게 활용할 수 있다. 하나의 유스 케이스에는 하나의 케이스만 정리한다. 실제로 유스 케이스를 참고해서 투자할 때는 하나의 유스 케이스와 다른 유스 케이스를 융합할 수 있다.

다음은 샘플로 작성한 유스 케이스이다. 프로젝트 팀을 구성할 때 AI가 가장 적합한 팀원을 추천하는 AI 시스템이다. 유스 케이스를 경영자부터 각 업무 담당자들이 검토하고 내용을 수정한다. 실제로 상품이나 서비스를 개발할 때 유스 케이스가 있으면 가장 중요한 기준이 된다.

〈유스 케이스: 프로젝트 팀 멤버 추천〉

- **번호:** AI 유스 케이스 #001
- **제목:** AI 시스템이 프로젝트팀 멤버를 추천한다.
- **개요:** 새로운 프로젝트팀을 구성할 때 AI 시스템이 팀 멤버를 추천한다. 프로젝트 매니저는 추천을 수락하거나 혹은 재추천을 요청한다. 회사 내부에 더 이상 추천할 만한 멤버가 없으면 프로젝트 매니저는 조건을 수정하고 AI 시스템은 팀 멤버를 추천한다.
- **목표:** 최적의 팀 멤버 구성
- **참여자:** 인사관리 시스템
- **전제조건:** 프로젝트의 정량적 특징이 분명하게 묘사되어야 한다.

- **기본 흐름:**

  – 프로젝트 매니저는 프로젝트의 주요 내용을 AI 시스템에 등록한다.

  – 프로젝트 매니저는 프로젝트팀에 참가할 수 있는 팀 멤버의 숫자와 특징을 AI 시스템에 등록한다.

  – AI 시스템은 프로젝트의 특징을 반영해서 멤버를 추천한다.

  – 프로젝트 매니저는 AI 시스템이 추천한 멤버를 검토하고 수락 여부를 등록한다.

  – 만약 모든 멤버를 수락하면 팀 멤버는 확정되고, 각 멤버에게 연락이 간다.

  – 만약 일부 멤버는 수락을 거부하면 AI 시스템은 새로운 멤버를 추천한다.

  – 프로젝트 매니저가 모든 멤버를 수락할 때까지 이 과정을 반복한다.

  모든 멤버가 확정되면 전체 흐름은 끝난다.

- **대체 흐름:**

  – 회사 내부에 더 이상 추천할 만한 멤버가 없으면 프로젝트 매니저에게 부족을 알린다.

  – 프로젝트 매니저는 팀 멤버 조건을 수정할지 결정한다.

  – 조건을 수정하면 AI 시스템은 수정된 조건에 맞추어 팀 멤버를 추천한다.

- **사후조건:** 팀 멤버 추천을 완료.

- **AI 기술**: 인사 데이터를 학습하고 개인의 특징과 프로젝트 특징을 매칭하는 기술.
- **예상 성과:** 프로젝트에 가장 적합한 멤버를 선정해서 팀을 구성한다.
- **성공 기준:** 프로젝트 팀 멤버 선정 완료까지 걸리는 시간
- **위험 및 제한 사항:** 개인 데이터의 공유 범위 설정
- **기타 고려 사항:** 개인 데이터의 외부 공개를 금지
- **유사한 유스 케이스:** 개인 특징과 업무를 매칭해서 업무 전환하는 유스 케이스
- **관련 특허:** 국내외 특허 출원 번호와 제목을 적는다.
- **관련 표준:** 국내외 표준과 사실상의 표준 번호와 제목을 적는다.
- **관련 조직 및 담당자:** 문의할 수 있는 연락처를 적는다.

사업모델 라이브러리를 축적한다

사례를 수집하고 그중에서 일부는 유스 케이스를 상세하게 작성해서 AI 경영에 참고한다. 만약 본격적으로 추진하고 싶은 유스 케이스가 있다면 범위를 확대해서 사업모델을 설계한다. 사업모델은 유스 케이스에 맞추어 처음부터 설계해도 되지만 AI 경영에서 참고할만한 사업모델을 미리 수집하거나 설계해서 라이브러리로 축적하는 방법을 추천한다. 사업모델 라이브러리

를 축적하는 이유는 시장 변화에 신속하게 대응하기 위해서다.

AI 기술이 워낙 빠르게 변하다 보니 시장이 어떻게 변화할지는 아무도 모른다. 시장 변화가 둔화하고 어느 정도 시장이 안정될 때까지 기다리면 가장 적합한 사업모델을 처음부터 설계할 수 있다. 하지만 이런 경우조차 시장 변화에 대응하는 가장 적절한 사업모델이 무엇인가라는 대답에는 정답이 없다. 그러므로 평소에 다양한 사업모델을 설계하고 라이브러리로 축적했다가 그중에서 적절한 사업모델을 선택하는 방식을 택할 수 있다. 라이브러리에 축적된 사업모델은 미래의 어느 시점에 도입할 수도 있고, 도입하지 않을 수도 있다. 미래의 사업모델을 다양하게 설계하는 과정을 통해서 기존 사업모델이 가진 한계를 타파할 수 있는 힌트를 구할 수도 있다. 동일 산업이나 전혀 다른 산업에서 많이 보이는 사업모델을 비교하면 의외의 부분에서 차이점을 발견할 수도 있다.

라이브러리에 축적하는 사업모델에는 반드시 AI 기술이 있고 관련된 시장이나 유사한 사업이 있어야 한다는 전제조건은 없다. 사업모델을 구상하는 단계에는 아직 유사한 사업도 없고 기술도 없는 경우가 있다. 사업모델은 비슷한 사업을 포함해서 넓은 범위를 생각해야 한다. AI 기술도 꼭 필요한 기술이 없으면 대체할 수 있는 기술을 포함해서 넓게 생각해야 한다. 반드시 이 기술이 아니면 안 되는 경우는 거의 없다.

- **사업이 있고 기술도 있는 경우 = 경영자의 선택**

이미 존재하는 사업에 새로운 상품과 서비스를 추가하고 싶어서 조사해보니 기술도 이미 있는 경우다. 사업모델을 완성하려면 어떤 기술을 선택할지 정해야 한다. 어떤 기술을 선택하는지에 따라 기술을 조달하는 방식이 달라지고 사업모델이 변할 수 있다. 기술을 선택하는 기준으로 비용과 표준이 중요하다. 경쟁자는 어떤 기술을 채용했는지도 기준이 된다. 기술로 차별화하고 싶은지 혹은 기술은 안정적으로 이용만 하면 되는지에 따라서도 선택이 달라진다.

- **사업은 없고 기술은 있는 경우 = 경영자의 용기**

아직 사업이 등장하지 않아 조사해보니 기술은 있는 경우다. 사업모델을 구체적으로 완성하기 위해 서둘러야 한다. 과거에 인터넷 기술이 처음 등장했을 때를 생각해보자. 아직 인터넷에서 제품을 판매하는 기업은 하나도 없는 상황이다. 그렇다고 해서 내가 가장 먼저 나서기는 어렵다. 낯선 분야에 가장 먼저 뛰어들려면 경영자의 용기가 필요하다. 이런 상황에서는 기술의 역할도 중요하다. 이 기술로 할 수 있는 사업이 많다며 능력을 과시할 필요가 있다. 약간 과장되게 표현해도 할 수 없다. 그렇게 하지 않으면 고객이 눈길을 주지 않는다. 사업이 있고 시장이 확장되어야 기술도 성장한다.

▪ 사업은 있고 기술은 없는 경우 = 경영자의 창조

비슷한 사업은 있지만 특정 기술은 없는 경우다. 사업에 필요한 기술은 지금까지 검토했던 기술이 아니라 전혀 새로운 기술로 변경해야 한다. 경영자는 자원을 투자해서 기술을 창조해야 한다. 기술이 개발되면 이에 따라 사업모델이 변경될 가능성이 생긴다. 기술이 나올 때까지 비슷한 사업을 하면서 시기를 조정할 수 있다. 시간이 너무 오래 걸리면 기술과 사업모델을 모두 변경한다.

▪ 사업도 없고 기술도 없는 경우 = 경영자의 상상

경영자가 원하는 기술이 100년 후에 개발된다면 사업은 120년 후에야 가능할 수 있다. 경영자는 기술을 상상하고 사업모델을 상상한다. 지금 당장 사업모델을 만들어도 상품과 서비스를 개발할 수는 없다. 경영자는 미래에 어떤 기술이 나올지 상상하고 현재 시점과 비교한다. 미래에서 현재를 향해 거슬러오면서 100년이 아니라 10년 후에 실행할 수 있는 사업모델을 찾는다.

경영자의 선택, 용기, 창조, 상상은 사업모델로 이어진다. 어디서 출발했든 상관없이 사업모델에는 다음 사항이 포함되어야 한다.

▪ 수익 모델: 수익을 만드는 가장 중요한 방식을 정한다.

- **가치 창조:** 기업과 고객이 함께 어떤 가치를 창조할 수 있는지 구체적으로 나열한다.
- **고객 유형:** 기업 고객, 개인 고객, 정부 고객, 군대 고객 등 고객 유형을 정한다.
- **판매 채널:** 고객에게 온라인 판매, 오프라인 판매 등 판매하는 방식을 정한다.
- **관련 특허:** 국내외 특허 출원 번호와 제목을 적는다.
- **관련 조직 및 담당자:** 문의할 수 있는 연락처를 적는다.

기술 로드맵과 해설서를 주기적으로 갱신한다

AI 경영은 AI 기술과 따로 분리해서 생각할 수 없기 때문에 AI 기술이 어떻게 진화하고 있는지도 파악해야 한다. 이런 이유로 기술 로드맵과 해설서도 준비해야 한다.

기술 로드맵은 기술이 어떤 방향으로 얼마나 빠르게 진화하는지 예측하는 지도와 같다. 기술 진화는 방향과 속도의 함수다. 기술이 진화하는 방향은 여러 갈래로 나뉜다. 기술이 진화하는 속도는 투자 규모와 시장 확대에 따라 빨라지거나 늦춰진다.

기술 진화의 방향과 속도에 따라 여러 개의 시나리오로 만들수 있다. 기업에서는 기술 로드맵을 참고로 상품을 개발하거나 시장을 개척한다. 기술이 미래에 얼마나 진화할지는 실제로 미래가 오지 않으면 아무도 모른다. 누구나 예측은 할 수 있지만 예측에는 희망이 섞이기도 한다. 그래서 같은 기술이라도 작성 주체에 따라 기술 로드맵의 내용이 미묘하게 다르다.

예를 들어 2019년 미국 컴퓨팅 커뮤니티 컨소시엄(CCC)에서 공개한 AI 기술 로드맵은 AI가 정부, 사회, 산업에 미치는 영향을 평가하면서 앞으로 해결해야 할 연구 과제를 아래와 같은 항목에 맞추어 예측했다.[3]

기술 해설, 기술을 사용하는 목적, 기술에 기대하는 효과, 기술이 구현하는 기능, 기술을 구현하는 20XX년까지 목표, 향후 5년 목표, 향후 10년 목표, 향후 15년 목표, 사회의 인식.

AI와 관련된 기술 중에서 가장 많이 보급된 로드맵은 반도체 기술 로드맵(IRDS)이다.[4] 반도체는 투자 규모가 크고 관계자가 많기 때문에 전 세계의 반도체 관련 기업과 관계자가 협력해서 작성한다.

기술이 진화하고 시장이 확대하려면 기술 로드맵의 역할이 매우 중요하다. 기술과 시장에는 전 세계의 다양한 기업과 관계자가 관여하는데 이들은 기술 로드맵을 가장 중요한 의사소통 수단으로 사용하기 때문이다. 기술 로드맵을 작성할 때는 반드시 포함할 요소가 있다.[5]

- **시간:** 기술은 시간과 함께 진화한다. 기술 로드맵을 작성하는 가장 큰 이유는 특정 기술이 어느 시점에 어느 정도 수준에

도달할지 예측하기 위해서다. 기술 수준은 정성적 혹은 정량
적으로 표현한다.

- **예측:** 기술 로드맵에 지정한 미래의 기술 수준은 어디까지나
  예측에 불과하다. 기술이 진화하는 속도는 예측보다 빨라지
  거나 늦어지기 마련이다. 기업에서는 특정한 상품에 이용하
  는 기술이 어느 시점에 어느 정도 수준이 필요한지 지정한다.
- **관련:** 어떤 기술도 단독으로는 진화하지 않으며 다른 기술과
  관련해서 진화하므로 특정 기술은 관련 기술의 진화와 함께
  고려해야 한다. 특정 기술은 다른 기술과 융합해서 새로운 기
  술로 진화할 가능성이 있다. 이런 특징을 기술과 기술의 경
  쟁, 다른 기술로 대체, 다른 기술로 보완 등 기술 간의 관련으
  로 표현한다. 최근에는 데이터 기술과 융합해서 진화하는 사
  례가 늘어나고 있다
- **조감:** 기술 진화의 전체 형상을 나타낸다. 하나의 기술 로드맵
  은 하나의 기술을 조감하는 지도다. 기술을 상세하게 구분해
  서 기술 로드맵을 몇 개로 나누어 작성하기도 한다. 몇 개 기
  술을 모아서 조감하는 기술 로드맵을 작성할 수도 있다.

기술 로드맵에는 특별히 정해진 형식은 없지만, 위에서 제시
한 요소 중에서 적어도 한 가지는 포함해야 한다. 시간이다. 특
정 시점에 기술이 어느 수준에 도달하는지 명확하게 표현해야
한다. 예를 들어 유럽연합이 추진하는 물류 혁신 연합인 앨리스

(ALICE) 프로젝트가 공개한 기술 로드맵에는 2050년의 기술 수준은 배출가스 제로라고 정한다.[6] 앨리스가 공개한 기술 로드맵은 피자 조각처럼 생긴 5개 조각이 각각 요소 기술을 나타낸다. 각각의 요소 기술이 2050년까지 도달해야 하는 기술 목표는 시점별로 보여준다.

경영자의 상상을 글로 적어둔다

경영자는 기업의 생존을 책임진다. 생존은 미래 시제다. 경영자는 기업의 미래를 만들어야 하는 책임이 있다. 기업의 미래는 경영자의 상상에서 시작한다. 예를 들어 사막에 파라다이스를 만든다는 경영자의 상상은 라스베이거스에 대규모 위락단지로 나타났다. 화성으로 이주한다는 경영자의 상상은 스페이스X의 사업모델로 등장했다.

바다를 동경하면 자연스럽게 배 만드는 기술에 관심이 간다. AI 경영을 도입하는 경영자는 기업의 미래를 마음껏 상상하고 상상을 현실로 만드는 방법을 찾아야 한다. 경영자는 각종 세미나에 참석하고 회의에 들어가지만 이런 모임은 상상에 도움이 되지 않는다. AI 경영의 미래를 상상하려면 SF소설을 읽으면 좋다. 소설 속의 설정에 경영자의 상상을 덧붙여 미래에 어떤 일이 일어날지 예측한다.

하지만 상상은 휘발성이 강해서 금방 사라지고 만다. 경영자는 자신이 상상한 내용을 글로 적어두는 게 좋다. 글은 짧은 문장이라도 좋고 조금 긴 단락이라도 좋다. SF 소설을 읽는 게 소극적인 미래 상상이라면 글로 남기는 작업은 적극적인 미래 상상이라 할 수 있다.

가장 구체적으로 상상을 표현하는 방법은 매우 짧은 초단편 소설로 표현하는 방법이다. 소설을 쓴다고 하면 놀라는 경영자도 있겠지만 사실은 그렇지 않다. 경영자는 자신이 상상한 내용을 주변 사람들에게 알려주며 대화의 소재로 삼기도 한다. 대화를 녹음한 후에 문서로 변환하면 소설의 초안이 만들어진다. 초안을 각색하면 3,000자 정도 분량은 만들 수 있다. 문서 편집 소프트웨어를 사용하면 A4 용지로 환산하면 두, 세 장 분량이다. 분량이 길지 않고 문학 소설과 달리 형식에 구애받지 않아도 된다.

녹음하고 문서로 만드는 작업보다 상상하는 작업이 더 힘들다. 업무에 휘둘리는 경영자는 마음 편하게 미래를 상상하는 여유를 갖기 어렵다. 상상의 소재는 가장 먼저 생활에서 찾을 수 있다. 아무리 바쁜 경영자도 아침에 일어나서 샤워하고 출근한다. 이 과정에 AI가 어떤 역할을 할 수 있는지 상상하면 된다. 회사에 출근하면 경영자가 하는 업무를 AI가 어떻게 대체할 수 있는지 상상한다.

AI는 자율을 지향하는 기술이라는 원리를 이해하면 상상에 힘이 붙는다. AI가 인간을 대신해서 무엇을 인식하고, 어떻게 판단하며, 어떤 행동을 할지 나누어서 상상한다. 상상에는 기술이 필요 없다. 구체적으로 어떤 기술이 필요한지 몰라도 된다. 기술은 생각하지 않아도 된다. 경영자는 자신이 상상하고 작성한 글을 AI 연구자에게 보여주고 상상을 실현할 수 있는 기술이 무엇인지 물어보면 된다.

만약 상상을 사업모델로 만들고 싶다면 다양한 분야의 전문가를 모아 함께 의논하면 좋다. 상상을 실현하려면 여러 분야의 지식을 융합해야 하는 경우가 많다. 경영자의 상상은 미래에 구체적인 사업모델로 변한다. 경영자가 상상한 내용을 실현하기 위해 필요한 기술을 나열해보면 이미 개발이 되어있고 조달할 수 있는 경우가 대부분이다. 경영자가 상상한 내용을 보면 여기에는 경영자가 기술을 대하는 태도가 드러난다. 있을 수 있는 기술, 있기를 바라는 기술, 있어야만 하는 기술, 있으면 안 되는 기술이다.

경영자만이 아니라 연구자도 상상한다. 연구자가 상상을 먼저 하고 나중에 실현한 사례는 많다. 벨연구소 연구자인 존 피어스는 'J. J. 커플링'이라는 필명으로 22편의 SF소설을 발표했다.[7] 소설에 들어있는 설정은 아직 기술이 개발되지 않아 상상에 불과했다. 예를 들어 1954년에 피어스는 인공위성을 띄워서 통신 중계 기지국 역할을 한다는 상상을 했다. 그의 상상은 '궤도 무선 통신 중계'라는 기술로 현실이 되었다.[8] 그 결과 1960

년에는 세계 최초의 통신위성인 에코가 발사되었으며 1962년 텔스타 위성이 발사되었다. 피어스는 자신이 연구자로서 거둔 성과는 모두 자신의 상상에서 출발했다고 말한다.

경영자의 질문은 중요한 자료다

경영자는 질문이 많다. 궁금하면 몇 번이고 물어보고 또 물어본다. 자신이 이해할 수 없으면 경영할 수 없기 때문이다. AI 경영도 마찬가지다. AI를 구체적으로 어떻게 활용해서 어떤 미래를 만들고 싶은지 경영자 스스로 이해해야만 AI 경영을 시작할 수 있다. 경영자가 주변에 물어보고 대답을 듣고 이해한 내용을 모두 Q&A 자료로 축적한다.

경영자가 어떤 내용을 궁금하게 여겼는지는 AI 경영의 중요한 출발점이다. 경영자가 어떤 대답을 듣고 의문이 풀렸는지도 AI 경영의 중요한 힌트가 된다. 경영자는 조찬모임이나 업계 간 담회에 참석해서 많은 경영자와 친분을 쌓는다. 한 명의 경영자가 궁금해하는 내용은 다른 경영자에게도 궁금한 내용이다. 경영자는 다른 경영자와 Q&A를 공유할 수 있다. 경영자가 읽고 AI 경영의 이론과 실제를 정리한 자료가 있으면 이것도 Q&A에 포함한다. AI 경영을 도입한 경영자는 시간이 흐른 뒤에 Q&A를 보면 자신의 변화를 알 수 있다.

AI 매니지먼트

지식재산 패키지를 축적한다

지식재산(IP)을 본서에서는 1차 IP와 2차 IP로 구분한다. 1차 IP와 2차 IP를 합쳐서 지식재산 패키지라고 한다. 지식재산 패키지는 기술에서 시장으로 가는 과정에 필요한 자원이다.

1차 IP는 독점적으로 사용할 수 있는 권리를 특허청에서 부여받은 지식재산을 말한다. 1차 IP는 산업재산권, 저작권, 신지식재산권으로 나눌 수 있다. 산업재산권은 특허, 실용신안, 디자인, 상표에 관한 권리를 포함한다. 저작권은 저작재산권과 저작인격권을 포함한다. 저작물이란 소설, 그림, 영화, 노래, 컴퓨터 프로그램, 웹사이트 디자인 등을 포함한다. 신지식재산권은 반도체, 반도체 배치 설계, 영업 비밀, 데이터베이스, 유전자원을 포함한다.

1차 IP의 대표라 할 수 있는 특허는 출원하려면 비용과 노력을 들여야 한다. 기업은 단순히 기술을 발명했다고 자랑하기 위해서 특허 출원하지는 않는다. 특허를 출원하는 가장 중요한 목적은 미래 시장을 독점하기 위해서다. 그러므로 특허를 보면 발명자가 원하는 미래 시장을 예측할 수 있다. 글로벌 AI 시장 규모는 2024년 2,146억 달러에서 2030년 13,391억 달러로 성장이 예상된다.[9] 미래 시장을 구체적으로 어떤 기술이 점유할지 특허를 보면서 예측할 수 있다.

기술을 발명하고 특허를 보유한다고 해서 누구나 시장에 진입할 수는 없다. 특허는 기술 발명의 증명이지 시장 진입의 허가증은 아니다. 특허는 기술의 독점권을 인정하는 권리다. 기술을 독점한다고 해서 상품이 저절로 생기지 않고 시장이 혼자 확장되지 않는다. 기술을 상품으로 만들어서 시장에 진입하려면 기술 사업화 과정이 필요하다.

특허에서 시장까지 이어지는 기술 사업화에는 반드시 죽음의 계곡을 건너야 한다. 죽음의 계곡을 무사히 건너려면 특허를 사용해서 만들 수 있는 상품이나 사업모델을 미리부터 최대한 폭넓게 모색해야 한다. 상품이 되어 시장에 진입하면 기존 상품과 경쟁에서 살아남아야 한다. 시장이라는 다윈의 바다에서 죽어버리는 상품이 대다수다.

신약 개발이나 재료 개발은 특허가 있으면 경쟁력이 향상하며 비교적 쉽게 수익으로 연결할 수 있다. 하지만 AI 시스템처럼 여러 기술을 융합해야 만들 수 있는 제품과 서비스는 필요한 기술이 너무 많기 때문에 한 기업에서 모든 지식재산을 보유할 수는 없다. 기술을 활용해서 제품과 서비스를 개발하고 시장에 진입하고 싶다면 1차 IP만으로는 부족하다. 시장 관점에서 기술을 이해하고 사업을 설계하는 능력이 필요하다.

2차 IP는 앞서 소개한 사례 수집과 프레임에 맞춘 분류, 사례를 보면서 질문하고 대답하기, 유스 케이스 작성, 사업모델 라이브러리 축적, 기술 로드맵과 해설서. 경영자의 질문을 포함한다. 2차 IP는 기술을 이해하고 제품과 서비스를 개발하는 데 도

AI 매니지먼트

움이 된다. 복숭아에 비유하자면 1차 IP는 씨에 해당하고 2차 IP는 과즙에 해당한다. 인간이 복숭아를 먹을 때 과즙은 중요하지만, 씨는 먹지 않는다. 하지만 씨가 없으면 새로운 복숭아를 재배할 수 없다. 마찬가지로 고객은 상품과 서비스를 사용할 때 구체적으로 어떤 기술인지 의식하지 않는다. 하지만 기술이 없으면 상품과 서비스도 없다.

기술에서 시장으로 연결하려면 1차 IP와 2차 IP 모두 중요하다. 이를 지식재산 패키지로 축적하고 경쟁력을 키운다. 1차 IP로 기술의 독점권을 확보하고 2차 IP로 시장 확대를 위한 가능성을 모색한다. 기술에서 시장까지 몇 번이고 만나는 죽음의 계곡과 다윈의 바다를 건너기 위한 가장 든든한 자원이 바로 지식재산 패키지다.

성과는 숫자로 나타나야 한다

AI를 활용한 매출 증가

AI 경영의 성과는 매출 증가 혹은 원가 절감으로 명확하게 표현할 수 있어야 한다. 매출 증가는 적어도 두 가지 방법으로 시작할 수 있다. 하나는 기존 사업모델을 확장해서 매출 증가를 노리는 방법이고 또 하나는 새로운 사업모델을 창조해서 지금까지 없었던 매출을 만드는 방법이다.

① 기존 사업모델을 확장한다

"제가 뭘 도와드리면 될까요?"

인간이 AI에 말하는 대사다. 기존 사업모델을 확장해서 매출 증가를 원한다면 AI가 앞장서고 인간이 보조하는 형태를 생각할 수 있다.

AI가 주도하고 인간이 AI를 보조하는 형태는 이미 영화산업에서 시작되고 있다. 지금까지 영화산업에서 인간은 작가라는 직업을 가지고 대본을 쓰고 수정했다. 2023년 미국작가조합은 대본 작성에 AI를 쓰지 말라며 146일 동안 파업했다.[10] AI가 인간의 일자리를 뺏는다는 위기감에서다. 영화 제작사는 AI를 사용해서 대본 초안을 만들고 인간 작가에게 수정하라고 요구하기 시작했다. 지금까지 대본 작성처럼 고도의 창작 활동은 인간만이 할 수 있다고 여겨왔다. 앞으로 영화 제작사가 AI를 본격적으로 활용해서 대본을 작성하면 인간은 보조 역할에 머문다.

비단 영화 대본만이 아니다. 많은 영역에서 인간이 수행하던 작업을 AI가 대체할 전망이다. 인간은 어떻게 해야 할까? 답은 정해져 있다. 인간이 AI를 도울 수 있는 업무는 세 가지다.

1. 인간이 AI보다 더 잘하는 업무를 한다.
2. 인간은 할 수 있지만 AI는 못 하는 업무를 한다.
3. 인간의 급여가 AI보다 적은 업무를 한다.

영화 대본 작성에서 인간이 AI보다 더 잘하는 업무가 있다.

인간의 감정을 이해하고 이를 표현하는 업무이다. 인간이 영화를 관람하고 나면 감정에 변화가 생긴다. AI는 아직 인간의 감정을 완전히 이해하지 못한다.

영화를 보는 인간이 어떤 장면에서 어떤 감정을 가질지 이해하고 때로는 인간이 특정한 감정을 가지도록 유도하는 업무는 인간이 AI보다 더 잘한다. 물론 미래에는 이것도 불확실하지만 적어도 현재는 인간이 더 잘한다. AI는 인간이 영화를 관람한 후에 투고하는 댓글의 양이나 표현을 자연어 처리해서 분석한다. 인간은 인간의 미묘한 감정을 이해한다. AI는 인간이 남긴 댓글에서 인간의 감정을 분석할 수는 있지만 이해하거나 동조할 수는 없다. 인간이 느끼는 미묘한 문맥의 차이나 미세한 감정의 변화는 AI가 이해할 수 없다. 분석과 이해는 다르다. 인간은 AI보다 인간의 감정을 깊이 이해한다는 이유로 감정을 유도하는 큐 포인트를 설정하고 대본에 반영한다. 큐 포인트는 인간이 본인도 모르는 사이에 반응하는 지점이다. 예를 들어 칠흑같이 어두운 밤에 비가 세차게 내리고 바람이 강하게 불면 관객은 이제부터 사건이 시작된다는 기분이 든다는 식이다.

앞으로는 AI가 인간의 감정을 온전히 이해하고 더 나아가 인간의 감정을 유도할 수준까지 진화할 수 있다. 이런 미래가 오면 인간은 영화 대본 작업에 일절 참여하지 못하고 작가의 일자리는 완전히 사라진다. 그때까지는 AI가 영화의 줄거리를 만들면 인간은 대본을 미세하게 수정하는 보조 작업을 한다.

기존 사업모델에 AI를 활용하면 전혀 새로운 가치를 창조할 수 있다. 새로 생기는 직업도 있다. 예를 들어, 서비스 산업은 지금까지 인간이 주체였다. 경험과 실전을 통해 얻은 암묵지를 바탕으로 고객을 대한다. 인간이 어떻게 응대하는가에 따라 서비스 품질은 크게 변한다. 한국의 서비스 산업은 생산성이 선진국과 비교해서 매우 낮다. 사원이 가진 감각이나 지식은 균일하지 않고 성과 역시 균일하지 않아 표준화하기도 매우 어렵다. 표준화하지 못하니 생산성을 향상할 수법이 마땅치 않다. 그저 개인의 역량에 의존할 뿐이다.

서비스 산업에 AI를 활용하면 서비스 품질을 균일하게 유지할 수 있다. 고객이 질문하면 AI가 즉시 대답하며 고객 데이터를 분석해서 고객의 취미나 행동 이력을 상세하게 이해한다. 인간은 AI가 생성한 대답을 적절하게 수정해서 고객에게 대답한다. 수정하는 기준은 고객마다 다른 고객 맞춤형이다. 제공하는 대답을 고객마다 구체적이고 인간미를 느낄 수 있게 수정한다.

② 새로운 사업모델을 창조한다.

"내일은 이 옷을 입으세요."

AI가 개인에게 어울리는 스타일을 제안한다. 새로운 사업모델의 첫 번째 요소는 개인 맞춤형이다. 지금까지 하나의 페르소나를 만들어 다수의 고객을 예상했다면 AI로 인해 개인마다 서로 다른 맞춤형으로 상품과 서비스를 제공할 수 있다. 예를 들어 개인에게 어울리는 스타일을 개인의 일정을 고려해서 제안한다. 혹은 개인 맞춤형 추천 시스템으로 재방문율을 높인다. 고객 데이터를 분석해서 개인이 가장 좋아할 만한 상품과 서비스를 추천하면 상품과 서비스를 구매할 확률이 올라간다. 고객 만족도가 올라가면 재방문으로 이어진다.

고객 데이터는 고객이 실제로 상품과 서비스를 구매한 데이터만이 아니라 검색 데이터와 열람 데이터 등 수집할 수 있는 모든 데이터를 포함한다. 기업은 고객과 24시간 챗봇을 통해 언제든지 고객과 소통할 수 있다. 데이터를 활용해서 고객의 행동을 실시간으로 분석하고 마케팅을 진행한다.

두 번째 요소는 예측이다. AI가 데이터를 학습하면 일정한 확률로 예측할 수 있다. 개인의 과거 일정을 학습하면 내일 일정에서 어떤 일이 생길지 예측할 수 있다. 기업에서는 미래의 수요를 예측하면 기회손실을 줄일 수 있다. 수요 예측의 정확도가 올라갈수록 생산 계획은 정교해지고 기회손실은 줄어든다. 기회손실이란 판매할 수 있는 기회가 있음에도 불구하고 재고가 부족해서 판매하지 못하는 손실이다. 수요 예측에 따라 미리 중간 지점까지 배송해 두거나 중간 물류 센터에 재고를 보관하여 물류를 최적화하고 배송 속도를 높인다. 최대 매출이 가능하도록 재고 과다나 재고 부족을 방지할 수 있다.

AI를 활용한 원가 절감

① AI가 창의력이 필요 없는 업무를 수행한다.

서빙 로봇이 음식을 운반하고 그릇을 수거하는 식당이 늘어나고 있다. 식당 내부 환경을 인식하고 음식을 안전하게 운반해야 하는 기술이 필요하지만 그렇다고 특별한 창의력이 필요하지는 않다.

기업에서 인간이 수행하는 업무 중에 항상 창의력을 발휘해야만 하는 업무는 그리 많지 않다. AI로 대체해도 이상하지 않은 업무가 더 많다. 일상생활에서 아직 크게 실감하지 못하지만 빅테크는 이미 AI가 인간을 많이 대체하고 있다. AI가 대체하기 쉬운 업무는 일반 사무, 단순한 기계 조작, 경비, 건설 작업, 고객 응대, 지하철 운전처럼 단순하고 반복적이다. 인간은 창의적인 업무를 한다고 하지만 현실적으로 반드시 창의력이 필요한 업무는 그리 많지 않다.

AI를 업무에 활용하면 비효율적인 요소를 제거하고 원가를 절감할 수 있다. 만약 인간이 비효율적인 요소라면 인간을 제거한다. AI를 활용하면 인간의 작업 시간을 줄일 수 있지만 그렇다고 대체되는 인간을 즉시 해고하기는 어렵다. 업무에서 배제된 인간은 다른 업무로 배치하거나 재교육해야 한다.

처음에는 AI를 활용해서 인간을 보조하고 효율을 추구하는 방식으로 원가를 절감한다. 단순 반복 작업에서 시작하고 점점 전문지식이 필요한 작업으로 확대한다. 인간이 업무를 처리하는 과정을 AI가 보조하면 시간을 줄이고 원가를 절감할 수 있다. 원론적으로 말하자면, 인간이 반복 수행하는 단순 업무는 데이터만 제대로 갖춘다면 AI가 대체할 수 있다. 인간을 대체할 수는 없다고 해도 인간이 해야 하는 영역을 대폭 줄인다.

② AI가 전문지식이 필요한 업무를 수행한다.

창의력이 필요 없는 업무에 AI를 활용해서 원가를 절감한 후에는 AI가 인간을 대체하는 범위를 전문지식이 필요한 범위로 넓힌다. 변호사나 의사도 예외가 아니다. AI가 전문지식을 수집하고 분석해서 업무를 처리한다. 이미 변화가 일어나고 있으며 예상보다 빠른 속도로 진행되고 있다. 변호사 AI는 간단한 사건이라면 인간과 대화하며 복잡한 내용을 안내한다. 판례를 참고해서 소송 내용을 검토하는 업무도 변호사 AI가 빨리 처리한다. 전문지식이 없는 인간도 변호사 AI의 도움을 받으면 얼마든지 소송을 진행할 수 있다.

인간이 처리하는 업무는 대부분 아웃풋이 정해져 있다. AI가 아웃풋에 맞추어 학습하면 인간보다 더 빨리 처리할 수 있다. 인간이 하는 업무 중에서 전문지식이 필요한 업무는 AI가 담당하고 인간은 일부 업무만 AI와 협력해서 처리한다.

인간이 하기 어려워하는 업무에도 즉시 AI를 활용한다. 예를 들어 클레임 처리는 인간이 싫어하는 업무다. AI가 클레임을 처리하여 인건비를 절감하고 서비스 품질을 향상시킨다. 인간은 고객과 만나거나 영상 통화를 하는 등 직접 소통에 집중한다. 직감이나 소통이 필요한 업무만 인간이 한다.

인간은 새로운 가치를 창조한다

"인간은 뭘 하면 좋을까?"

AI가 인간을 대체해서 매출이 증가하고 원가를 절감하면 인간은 과연 무엇을 하면 좋을지 고민된다. 하지만 인간과 AI는 서로 다른 장점이 있다. AI가 아무리 진화해도 무엇이든 인간보다 잘할 수는 없다. 매출 증가와 원가 절감에서 AI는 인간보다 큰 역할을 할 수 있다고 해도 여전히 인간에게는 강점이 있다.

예를 들어, 인간은 엉뚱하게 발상하고, 시간을 낭비하며, 알면서도 틀린 답을 한다. "세상에는 깨진 창문이 몇 개 있는가"라는 질문처럼 답을 알기 어려운 질문에도 나름대로 논리정연하게 대답할 수 있다. 평범한 질문에 AI가 평범하게 답하더라도 여기에 인간의 장점을 더하면 새로운 가치를 창조할 수 있다. 창조는 제로에서 1을 만드는 작업이다. 인간이 1을 만들면 AI는 1에서 100을 만든다. 인간은 AI가 만든 100을 참고로 다른 제로에서 새로운 1을 만든다.

예를 들어, 인간은 동굴 벽화에서 시작해서 많은 그림을 그렸다. AI는 지금까지 인류가 남긴 모든 그림 데이터를 학습할 수 있다. 학습한 AI는 과거 특정한 시기에 특정 화가가 많이 그린 작품을 참고로 비슷한 그림을 그릴 수 있다. AI가 그린 그림을 본 인간은 특정 화가와 그린 그림과 비슷하다는 느낌을 받는다. 인간은 AI가 그린 그림에 인간의 상상력이나 감성을 더해서 지금까지 없었던 전혀 새로운 화풍을 생각한다. 그리고 지금까지 없었던 새로운 화풍으로 그림을 그린다. 이런 그림은 새롭게 탄생한 1이다.

인간이 새로운 1을 창조하려면 AI의 도움이 필요하다. 지금까지는 창조 작업을 하려면 전문지식과 경험을 쌓기 위해 오랜 시간이 걸렸다. 1만 시간의 법칙처럼 그림을 그리거나 소설을 쓰려면 오랜 시간을 들여 교육과 훈련을 거쳐야 했다. 하지만 AI의 도움을 받으면 시간을 대폭 줄일 수 있다.

현재 창조적인 일을 하고 있다고 생각하는 인간일수록 AI의 기능과 한계를 이해하고 인간은 무엇을 창조해야 하는지 생각할 필요가 있다. AI로 인해 창조의 정의를 새롭게 내려야 할 시대가 되었다. 인간은 AI의 도움을 받아 앞으로는 더 많이 창조적인 작업을 할 수 있다. AI는 개인 창작자에게 큰 영향을 준다. 개인 창작자는 모든 과정을 혼자서 해결해야 하지만 AI의 도움을 받으면 많은 과정을 쉽게 해결할 수 있다. 개인 창작자가 늘어나고 작품이 대량으로 생산되면 고용 형태에도 변화가 생긴다. 개인은 굳이 기업에 취직하려고 하지 않는다. 기업에 취직

AI 매니지먼트

해서 기업이 보유한 자원을 이용하지 않으면 창작할 수 없는 시대는 끝나고 있다. 창작물의 판매 역시 개인도 시장에서 얼마든지 판매할 수 있다. AI를 활용하면 개인 창작자의 그림, 영상, 음악, 소설 창조만이 아니라 기업에서 매출 증가와 원가 절감에도 창조를 기대할 수 있다.

인간이 새로운 창작을 제시하면 이는 인간만이 아니라 AI에도 영향을 준다. AI를 학습시키기 위해 매력적인 콘텐츠를 작성하는 창작가도 등장할 수 있다. AI는 대량의 데이터를 학습하고 콘텐츠를 생성하는데 여기에는 많은 시간과 노력이 필요하다. 학습용 데이터를 독창적이고 매력적으로 제공할 수 있다면 AI는 더욱 높은 수준으로 진화할 수 있다.

일자리 창조를 지향한다

AI가 인간의 일자리를 빼앗을까?

스탠퍼드대학교 제임스 랜데이 교수는 AI의 네 가지 위험을 강조한다.[11] 허위정보, 딥페이크, 편향으로 생길 수 있는 차별, 일자리 대체다. 영어 단어가 모두 D로 시작한다고 해서 4D로 부른다. AI의 위험은 모두 중요하지만, 특히 일자리야말로 가장 중요한 현실 문제다. 많은 선진국에서는 저출산 고령화로 인해 노동인구가 감소하고 있다. 선진국은 지금까지 부족한 노동력을 메꾸기 위해 이민 노동자를 활용했다. AI로 인간을 대체하려는 움직임이 늘어나면 인간이 AI를 겨냥해서 파업하는 사례는 늘어날 수밖에 없다. 파업은 세계 각지에서 다양한 직업에서 발생할 전망이다.

일자리 논쟁은 2013년 옥스퍼드대학교 연구자들이 논문을 발표하면서 시작되었다.[12] 논문에서는 짧으면 10년 길면 20년 안에 미국 일자리의 47퍼센트가 자동화될 수 있다고 주장했다. 연구자들은 기계 학습 전문가들에게 70개 직종의 자동화 가능성을 전망해 달라고 문의했다. 회수한 대답을 확률모델을 이용해서 632개 직업이 자동화에 얼마나 취약한지 계산했다. 결과는 충격적이다. 미국에서는 직종의 거의 절반이 앞으로 10년 이내에 고위험군에 속한다는 주장이다. 연구자들은 논문에 단서를 달았다. AI가 기술적으로 처리할 수 있는 직종을 예측한 결과이기 때문에, 현실적으로 일자리 삭감으로 이어진다거나 실업률이 증가한다고 보기에는 한계가 있다는 단서다.

일자리 삭감이 주요한 화제로 떠오르면서 2016년 경제협력개발기구(OECD)의 연구자들은 다른 방식으로 일자리 삭감을 계산했다. 그들은 미국에서 자동화로 사라질 가능성이 큰 일자리는 9퍼센트에 불과하다고 주장했다.[13] 앞선 연구와 다섯 배 차이가 나는 이유는 분석 방법에 있다. 옥스퍼드대학교의 연구는 직업 중심으로 분석했다. 직업을 중심으로 분석하면 AI가 인간을 대체할 수 있는 범위가 넓어진다. 예를 들어 AI가 과거 판례를 분석하고 새로운 사건에 적용할 수 있는 법리를 추론했다면 변호사라는 직업이 없어질 수 있다고 여긴다. 실제는 그렇지 않다. AI가 특정한 업무를 대체할 수는 있지만 직업을 대체하기는 한계가 있다. 변호사가 고객을 만나 협의하는 과정은 소송 진행에 매우 중요하지만, AI가 이 과정을 모두 대체할 수는 없다.

직업 중심 분석의 문제를 보완하기 위해 업무 중심으로 분석하면 AI가 어떤 업무에서 인간을 대체할 수 있는지 이해하기 쉽다. 어떤 직업이든 그 직업을 수행하려면 다양한 업무를 수행해야 한다. 업무 중에는 기계적으로 단순 반복하는 업무도 있고 창의력이 필요한 업무도 있다. AI가 인간보다 더 잘하거나 더 빨리 끝내는 업무도 있다. AI는 자료를 분석하고 그래프를 그리고 계산하는 업무는 인간보다 더 완벽하게 더 빨리 끝낸다. 그렇다면 이런 업무는 AI가 하는 편이 설득력이 있다. 한편으로 인간의 감정을 이해하고 그에 맞춰 대응을 다르게 한다거나 소통하는 업무는 계속 인간이 담당해야 한다.

OECD는 하나의 직업에서 AI가 인간의 업무를 대체하기 쉬운 업무가 얼마나 되는지 비율을 계산했다. 만약 70퍼센트가 넘으면 고위험이라고 판단했다. 이런 방법으로 주요 국가를 대상으로 고위험 대체 군을 분석했더니 미국 9퍼센트, 한국 6퍼센트, 오스트리아 12퍼센트라는 결과가 나왔다.

AI가 인간의 일자리를 뺏는다는 우려가 크다 보니 이외에도 많은 기관에서 일자리 삭감의 가능성을 연구했다. 대부분 업무 중심 접근법을 이용해서 분석하는데 주장하는 수치에는 편차가 크다. 예를 들어 2030년 초까지 미국은 AI로 인해 일자리가 사라질 고위험 직종이 38퍼센트라는 주장도 있다.[14] 지금 즉시 모든 업무의 50퍼센트는 AI로 대체할 수 있다는 주장도 있다.[15] 수치가 높은 주장은 대부분 AI가 인간을 대체할 수 있는 업무를 기술 관점에서 판단하기 때문이다. 많은 업무를 AI가 대체할 수 있다고 해서 실제로 일자리를 AI가 뺏는다는 말은 아니다. 하지만 미래를 우려하는 의견은 많다. 의견이라기보다 희망과 기대에 가깝다.

AI 경영은 매출 증가와 원가 절감이라는 성과를 만들어야 하지만 이런 성과를 만드는 원인이 일자리 삭감에 있으면 안 된다. AI 경영은 일자리 삭감이 아니라 새로운 일자리 창조로 이어져야 한다.

chapter 8

AI를 활용하여
지·가·연·융
산업으로 전환하라

중후장대 산업과
경박단소 산업 시대

AI 시대 제조 강국

"답은 현장에 있다."

경영자는 현장을 매우 중요하게 여긴다. 생산성 향상에 의한 원가 절감이 기업 경쟁력에 직결하기 때문이다. 특히 철강, 자동차, 항공기, 조선, 화학처럼 복잡한 구조를 가진 제품을 다루는 대형 장치 산업은 설비를 가동하면서 얻는 학습효과가 매우 중요하다. 1960년대는 중후장대 산업의 시대였다. 이 시대의 제품은 무겁고, 두껍고, 길고, 큰 이미지를 가진다. 높이 솟은 굴뚝이 상징하듯이 거대한 공장과 고가의 설비에 대규모 투자

AI 매니지먼트

가 필요한 자본집약형 산업이라 과감하게 투자할 수 있는 국가는 한정된다. 초기 투자비에 더해 연구개발에도 지속적인 투자가 필요하다.

직접 고용과 간접 고용을 통한 고용 창출 효과는 매우 크므로 공장이 위치한 지역의 경제 활성화에 공헌한다. AI와 로봇이 보급되어 인간의 단순 반복적인 육체노동을 대체하면 많은 일자리가 사라진다는 위기의식이 크다. 중후장대 산업을 이미 보유하고 있는 국가라면 일부러 산업을 포기하거나 버릴 필요가 없다. 시대가 변해도 중후장대의 대표라 할 수 있는 철강이나 자동차는 사라지지 않는다. 새로운 국가에서 중후장대 산업에 뛰어들기는 어렵기 때문에 일부러 진입장벽을 만들지 않아도 경쟁자는 숫자가 제한된다. 한국은 미국, 중국, 일본, 독일과 함께 5대 제조 강국이다. AI 시대에도 한국은 제조 강국의 위치를 유지해야 한다.

1990년대는 경박단소 산업의 시대였다. 반도체, 전자기기, 의료기기, 화장품처럼 가볍고, 얇고, 짧고, 작은 제품을 다루는 산업이다. 기술이 주도하는 산업으로 지식집약형 산업이라 할 수 있다. 전자기기나 화장품은 고객의 마음이 쉽게 변하기 때문에, 중후장대 산업에 비해서 제품의 생애주기가 짧으며 브랜드와 디자인이 중요하다. 중후장대 산업에서 다루는 제품은 가격을 톤당 단가로 표현한다면 경박단소 산업에서는 킬로그램이나 그램당 단가로 표현할 수 있다. 경박단소의 대표라 할 수 있는 전자제품은 높은 부가가치를 창조하기 위해 기술 융합이 중요한데 예를 들어 기계공학과 전자공학을 융합한 메카트로닉스 같은 기술이 대표적이다.

AI가 보급되면 중후장대와 경박단소에 AI의 특징이 더해지고 완전히 새로운 형태의 산업으로 전환된다. 새로운 산업은 지능, 가상, 연결, 융합이라는 특징을 가지므로 본서에서는 '지가연융 산업'이라고 부른다. 지능, 가상, 연결, 융합에 대해서 하나씩 살펴보자.

지능: AI는 다양한 데이터를
지속적으로 학습한다

AI가 인간의 지능을 뛰어넘을까?

지능은 지식을 활용하고 적용하는 능력이다. 모든 동물은 지능을 가졌는데 만약 전혀 지능이 없다면 생존할 수 없다. 지능이 가장 높은 동물은 인간이다. 기계는 인간처럼 높은 지능을 가질 수 없다고 여겨졌다. 하지만 AI 기술이 비약적으로 진화하면서 새로운 세상이 시작되었다. AI는 기계가 지능을 가질 수 있도록 지원하는 기술이다. AI로 인해 기계는 인간의 지능을 뛰어넘을 기세를 보이고 있으며, 특이점이 오면 기계는 인간을 초월하는 지능을 가진다는 예측도 있다. AI는 마치 인간처럼 데이터를 학습해서 지식을 축적할 수 있게 되었다.

AI가 인간의 지능을 뛰어넘을지는 학습에 달려있다. 지식은 학습을 통해서 얻은 결과물이다. AI가 아무리 지능이 높아도 계속 학습하지 않으면 지식을 축적할 수 없다. 지식은 교육, 경험, 연구를 통해 얻은 체계화된 인식의 총체를 말한다. 머리가 아무리 좋아도 공부하지 않으면 아는 게 없듯이 AI가 아무리 지능이 높아도 학습한 양이 적으면 지식은 적다. AI가 지식을 축적하려면 끊임없이 데이터를 학습해야 한다. AI는 인간의 지능을 대체할 능력이 있지만 데이터를 학습하지 않으면 지식은 적다.

AI가 학습하는 과정은 지식 사이클로 표현할 수 있다. 지식 사이클은 지식의 구조화, 재구축, 유통, 활성화의 각 단계가 연속으로 돌아가는 현상을 나타낸다.[1] 지식 사이클을 이해하기 위해 어린아이가 구슬을 모아 목걸이를 만드는 경우를 생각해 보자.

어린아이는 최대한 많이 다양한 구슬을 모아서 서랍에 보관한다. 많은 구슬을 구분하지 않고 마구잡이로 섞어두면 나중에 원하는 구슬을 찾기 어렵기 때문에 구슬은 색깔이나 크기별로 나누어 보관한다. 어느 날 아침에 어린아이는 오늘은 어떤 목걸이를 할까 생각한다.

유치원에 갈 때 하고 싶은 목걸이와 마트에 갈 때 하고 싶은 목걸이가 다르다. 어떤 구슬을 몇 개 꺼내서 어떤 순서로 꿰어야 할지는 어린아이 마음에 달렸다. 어린아이는 원하는 구슬을 여러 개 꿰어 목걸이를 만든다. 어린아이는 목걸이를 하고 유치

AI 매니지먼트

원에 가서 친구에게 자랑한다. 다른 친구를 보니 새로운 구슬도 있고 새로운 디자인도 있다. 그중에는 탐나는 구슬도 있다. 어린아이는 친구 목걸이를 보고 새로운 구슬을 사고 싶어졌다.

■ **지식 구조화**

어린아이가 구슬을 모아서 서랍에 보관하는 행동은 지식 구조화에 해당한다. 지식 구조화는 데이터를 수집하고 분류하는 작업이다. 지식 구조화는 데이터를 수집해서 클라우드에 모으는 작업에서 시작한다. 수집하는 데이터는 한계가 없다. 개인 데이터에서 산업 데이터에 이르기까지 종류를 따지지 않는다. 데이터는 다양할수록 좋고 많을수록 좋다.

구슬이 많으면 적당하게 분류해야 사용하기 좋다. 구슬을 분류하는 기준이 있으면 새로운 구슬이 생겨도 이 구슬을 어떻게 분류할지 금방 알 수 있다. 도서관에서 자료를 수집하고 십진분류법으로 분류하는 방식과 같다. 새로운 데이터를 어떻게 분류하면 좋은지 AI는 데이터를 학습해서 이해한다.

도서관에 다양한 주제의 책이 있듯이 데이터 역시 특별한 목적이 없어도 광범위하게 대량으로 수집한다. 데이터를 수집하는 시간도 점점 짧아져서 거의 실시간으로 수집하는 데이터가 늘어나고 있다. 데이터가 거의 없고 구하기 어렵던 시대에는 데이터가 어디 있는지 아는 게 중요했다. 이제는 데이터가 너무 많아서 오히려 곤란한 시대가 되었다. 많은 데이터 중에서 어떤 데이터를 수집하지 않을지가 중요한 문제가 되었다. 신뢰할 수 있는 인간이나 조직이 만든 데이터만 수집하는 시대다.

다양한 데이터를 대량으로 수집하는 지식 구조화는 빅테크가 주도한다. 빅테트는 소셜 데이터도 수집하고 개인 데이터도 수집한다. 지식 구조화는 시간과 비용이 막대하게 필요하기 때문에 일반 기업은 하기 어렵다. 빅테크가 구조화해서 제공하는 데이터를 인프라처럼 이용할 수밖에 없다.

■ 지식 재구축

어린아이가 예쁜 구슬을 여러 개 꿰어서 목걸이를 만드는 행동은 지식 재구축이라고 한다. 구슬 목걸이에서 하나의 구슬은 하나의 지식 단위다. 지식 단위란 하나의 데이터이거나 하나의 문장이거나 한 권의 책이다. 하나의 목걸이는 여러 개의 구슬을 꿰어서 만든다. 어린아이가 구슬을 선별하듯이 지식 재구축은 데이터를 관련짓는다. 왜 이런 목걸이를 만드는지 어린아이에게는 이유가 있다. 이처럼 지식 재구축은 목적과 관점이 있어야 진행할 수 있다. 데이터를 학습한 AI가 추론하는 과정은 지식 재구축에 해당한다. 목적과 관점이 없으면 어떤 데이터를 사용해야 할지 모른다.

지식 재구축은 도서관에 가서 필요한 책을 찾아 읽는 행동에도 비유할 수 있다. 특정한 문제를 해결하기 위해서 도서관에 간다면 읽어야 할 책을 찾을 수 있는 능력이 필요하다. 이런 능력은 AI에 가장 잘 어울린다. 예를 들어 소송이 걸렸을 때 피의 사실에 적용할 수 있는 법률을 찾아서 의뢰인에게 가장 유리한 조항을 관련짓는 작업은 인간보다 AI가 더 빨리 더 정확하게 할 수 있다.

■ 지식 유통

AI가 작업한 결과를 인간에게 제시하는 과정은 지식 유통이라고 한다. 구슬이라면 어린아이가 목걸이를 착용하고 유치원에 가는 행동이 지식 유통이다. 목걸이를 친구에게 선물하는 행동도 지식 유통이다. 지식 유통은 생성형 AI가 인간에게 답을 제시하는 방식처럼 인간의 눈에 보이는 형태도 있고 AI가 기계에서 명령해서 인간에게는 보이지 않는 형태도 있다.

지식을 유통하려면 지식 단위와 제공 수단을 정해야 한다. 단위는 책 한 권이나 보고서 한 편처럼 취급하는 단위를 말한다. 제공 수단은 종이나 전자파일을 말한다. 지식 유통은 사용자가 필요로 하는 바로 그 시점에, 필요로 하는 바로 그 지식을 제공하는 지식의 저스트 인 타임이어야 한다.

■ 지식 활성화

어린아이가 유치원에서 친구에게 목걸이를 자랑하거나 반대로 친구가 하고 온 목걸이를 부러워할 수 있다. 어린아이는 부모를 졸라 새로운 목걸이를 사고 싶어한다. 이런 행동은 지식 활성화라고 한다. 생성형 AI가 제시한 답을 인간이 평가하면 그 결과를 AI 학습에 반영하는 과정도 지식 활성화다. AI가 생성한 보고서를 읽은 고객이 보고서를 기반으로 투자한다면 이는 활성화다.

투자에 성공하거나 실패하면 그 결과는 지식 구조화에 반영한다. 도서관에서 대출한 책을 읽고 문제를 해결한 상태도 지식 활성화라고 한다. 문제를 해결하지 못했다면 도서관에 새로운 자료를 요청하듯이 지식 활성화의 결과는 지식 구조화에 반영된다.

AI가 아무리 높은 지능을 가져도 학습에 필요한 데이터가 부족하면 지식을 축적할 수 없다. AI가 지식이 부족하지 않으려면 계속 학습해야 한다. AI가 계속 학습하지 않으면 잘못된 판단을 한다. 많은 기업에서는 AI를 학습시킬 데이터가 부족하다. 부족한 데이터로 학습한 AI는 최적의 판단을 할 수 있을지 확신할 수 없다. 학습이 완벽한지 부족한지 인간은 모르기 때문이다.

학습용 데이터가 부족하다는 문제가 명확해지니 새로운 사업모델이 등장했다. 학습이 끝난 AI 모델을 판매하는 사업모델이다. 예를 들어 기계를 제조하는 기업은 기계를 사용하는 기업보다 더 많은 데이터를 가지고 있다. 기계제조 기업은 학습이 끝난 AI 모델을 기계와는 별도로 옵션으로 판매한다.

AI 매니지먼트

가상: 물리 세계에서 가상 세계로
산업의 중심이 이동한다

가상 세계로 산업의 중심이 이동하는 사례는 제조업을 예로 들면 이해하기 쉽다. 제조업은 기계화를 지나 자동화로 진화했다. 여기까지는 물리 세계가 중심이다. 자동이라는 표현에는 같은 상황에서 기계가 똑같은 행동을 반복한다는 의미가 있다.

- **자동차:** 인간이 밀지 않아도 엔진의 힘으로 바퀴가 움직인다.
- **자동 무기:** 인간이 다음 총알을 장전하지 않아도 기계나 화약의 힘으로 총알을 장전한다.
- **자동 기계:** 인간이 기계를 조작하지 않아도 미리 지정한 대로 기계가 규칙적으로 움직인다.

- **자동 출금기:** 인간 대신 기계가 돈을 내어준다.
- **자동화 공장:** 인간이 조작하지 않아도 로봇이 제조과정을 진행한다.

자동화는 스마트화로 진화했다. 기계가 인터넷으로 연결되면서 산업의 중심은 물리 세계에서 가상 세계로 이동하기 시작했다. 디지털 전환이 완료하면 가상 세계로 중심이 완전히 이동한다.

- **스마트 기계:** 자동화된 기계가 인터넷에 연결되면 스마트 기계가 된다. 스마트 기계가 모인 스마트 공장은 제품을 설계하고 제조하는 모든 과정을 가상 세계와 물리 세계에서 동시에 진행하는 사이버 물리시스템이다. 자동화 공장이 인간의 손과 발을 로봇으로 대체한 공장이라면 스마트 공장은 인간의 뇌 일부를 AI로 대체한 공장이다. 인간이 해야 할 일은 가끔 기계를 확인하는 정도에 머문다.

- **스마트 농장:** 스마트 농장은 밀폐된 시설에서 태양광과 흙을 사용하지 않고 인공조명으로 식물을 재배한다. 인공조명의 강도를 제어하고 조건을 바꾸면 식물의 생육 상태가 변한다. 광합성에서 이산화탄소를 재사용하는 순환형 복합 시스템 기술도 사용한다. 자율 농장은 AI가 환경을 제어하고 식물의 병

해를 방제하기 위해 수백 개의 지표로 농장을 관리한다. 온도, 습도, 조도, 이산화탄소 농도, 비료 농도, 광합성 속도, 생산 속도를 판단해서 물을 뿌리거나 창문을 여는 행동을 한다.

- **스마트 로봇:** 로봇을 제어하는 소프트웨어를 인터넷에 연결하면 스마트 로봇을 만들 수 있다. 스마트 로봇은 인터넷에 연결되어 항상 최신 알고리즘으로 작동한다. 코로나로 인한 비대면 사회처럼 외출하기 어려우면 인간 대신 스마트 로봇을 외부 모임에 참석시킨다. 인간은 집에 있으면서 스마트 로봇에 달린 카메라로 모임 참석자를 인식하고 스피커를 통해서 발언한다. 다른 인간이 재미있는 말을 하면 스마트 로봇은 두 팔을 들고 크게 제스처를 해서 즐겁다는 반응을 나타낸다. 스마트 로봇은 서비스업에서 고객과의 접점에도 사용된다. 매장은 키오스크를 사용해서 주문받는다. 스마트 로봇은 단골에게는 맞춤형으로 응대한다. 여러 고객이 동시에 주문해도 음성을 분석해서 고객을 각각 인식할 수 있다. 음성과 영상을 동시에 입력하고 동시에 처리한다.

연결: 네트워크를 하나로 연결하거나 의도적으로 분리한다

네트워크의 연결과 분리

전 세계가 하나의 네트워크로 연결되어 있으면 한곳의 문제는 금방 전체의 문제로 확산한다. 이를 적나라하게 보여주는 사례가 2024년 발생했다. 마이크로소프트가 제공하는 클라우드 컴퓨팅 서비스에 장애가 발생하자 전 세계에서 혼란이 일어났다.[2] 전 세계에서 항공기 운항 중단 사태가 발생하고 방송과 통신에도 문제가 이어졌다. 한국에서는 이스타항공과 제주항공에서 항공권을 발권하지 못하고 예약도 받지 못했다. 원인은 곧 밝혀졌다. 미국의 사이버 보안 기업인 크라우드 스트라이크가 클라우드 보안 프로그램을 갱신하던 중에 오류가 발생하면서다.

AI는 네트워크의 크기가 클수록 강력한 힘을 발휘한다. 10개의 디바이스를 연결한 네트워크보다 10억 개의 디바이스를 연결한 네트워크에서 AI는 더욱 강력하다. 네트워크의 효과를 구현하려면 컴퓨터나 스마트폰 같은 기기를 작동하거나 통제하는 운영체제(OS)가 필요하다. 스마트폰, 가전제품, 웨어러블 기기, 사물 인터넷 기기, 자율 주행차 등 모든 기기를 연결하려면 OS는 필수 조건이다. 이런 이유로 빅테크는 독자적인 OS를 원한다. 컴퓨터는 마이크로소프트가 제공하는 윈도가 대표적이며, 스마트폰은 구글의 안드로이드와 애플의 iOS가 있다. 구글은 안드로이드를 오픈소스로 공개하면서 경쟁자를 방어하고 있다. 애플은 독자적인 생태계를 유지하고 있다. 메타는 가상현실 시장을 선점하기 위해서 호라이즌 OS를 개발하고 있다. 이들 빅테크는 모두 미국 기업이다.

다른 국가에서도 자국의 OS를 만들려는 시도가 있었다. 일본은 1980년대 중반에 도쿄대학교 교수인 사카무라 켄이 트론(TRON)을 개발했다. 미국은 자국의 기술 패권을 유지하기 위해 일본의 OS를 강력하게 견제했다. 1989년 미국은 일본의 트론이 슈퍼 301조에 저촉한다며 무역 마찰의 쟁점으로 거론했다. 결과적으로 트론은 제재 대상에서는 제외되었지만 때는 늦었다. 일본 기업은 이미 트론 사용을 포기한 상태였기 때문이다.

일본에서는 마이크로소프트에 대항하는 기술이라며 기대가 컸지만, 고객이 없는 기술은 존재하지 못한다.

최근에는 중국이 독자적인 OS를 개발하고 있다. 중국 기업은 화웨이를 비롯해서 스마트폰에 구글의 안드로이드를 사용했다. 하지만 미국은 구글의 안드로이드 기술을 중국에 판매하지 못하도록 차단했다. 중국 정부는 화웨이를 앞장세워 2019년부터 독자적인 OS인 〈하모니〉를 개발했고 2020년부터 스마트폰에 적용하기 시작했다. 하모니의 소스 코드는 1억 행을 넘는데 모두 오픈소스를 사용했다. 2024년 공개한 〈하모니 넥스트〉는 구글 안드로이드와 전혀 호환되지 않고 안드로이드 생태계와 분리되었다.[3] 그전에는 구글 안드로이드와 호환되는 듀얼 아키텍처 시스템을 사용했지만, 중국은 의도적으로 연결을 끊고 자국의 네트워크를 의도적으로 분리시켰다. 중국은 스마트폰 OS에 구글과 애플에 이어 새로운 생태계를 만들고 있다.

중국의 의도적인 네트워크 분리는 2024년 효과가 명확하게 드러났다. 마이크로소프트의 클라우드 컴퓨팅 장애에서 중국은 아무런 영향을 받지 않았다.[4] 네트워크 분리에 대한 중국의 명분은 국가 안보에 있다. 중국은 하모니를 적용하는 범위를 급속도로 늘리고 있다. 스마트폰만이 아니라 사물 인터넷을 포함해서 컴퓨터, 가전, 자동차, 웨어러블 기기에 적용되고 있다. 하모니를 사용하는 기기는 서로 데이터를 공유할 수 있다. 예를 들어 스마트폰에 있는 지도, 자율주행 전기차에 있는 내비게이션,

AI 매니지먼트

이동 경로를 제공하는 앱이 같은 데이터를 공유한다. 여기에 더해 가전제품, 컴퓨터, 웨어러블 단말기는 물론이고 은행도 하모니 OS로 연결된다.

2023년 중국 시장 점유율은 안드로이드 72퍼센트, iOS 20퍼센트, 하모니 8퍼센트다.[5] 구글, 애플, 화웨이가 각각 제공하는 OS는 상호 호환되지 않는다. 화웨이는 하모니에서만 작동하는 스마트폰 앱을 백만 개까지 늘리려고 한다. 중국은 하모니를 일대일로에 참여하는 아프리카, 중동, 동남아 국가를 중심으로 보급하려는 계획이다.

네트워크의 연결과 분리는 커넥티드카에서도 중요한 문제다. 커넥티드카는 블루투스나 와이파이 등 무선으로 내비게이션을 조작하거나 자율주행 기능을 이용한다. 미국에서 주행하는 레벨 3 이상의 커넥티드카에는 앞으로 중국 소프트웨어를 사용하지 못한다. AI는 커넥티드카에 설치한 디바이스를 통해서 대화를 도청하거나 차량 운행을 제어할 수 있다. 미국은 한국, 호주, 캐나다, 유럽연합, 독일, 일본 등에도 커넥티드카의 데이터와 보안 위험에 공동으로 대처하자고 제안한다.

중국이 국가 안보를 명분으로 독자적인 OS를 개발하고, 미국에서 네트워크를 분리하듯이 미국이 중국과의 네트워크 분리를 주장하는 명분 역시 국가 안보에 있다. 중국의 자동차 기업이 미국 시장에 진출하는 상황을 견제하며 미국의 데이터를 입수하려는 시도를 억제한다. 글로벌 공급망에서 중국을 배제하려는 의도도 숨어있다. 미국과 중국이 자국을 중심으로 하는 네트워크를 확장하면서 동시에 상대국의 네트워크를 분리하려는 시도는 시장에 큰 영향을 준다. 앞으로 미국 시장에서 판매하는 커넥티드카는 미국 소프트웨어만 사용해야 한다. 마찬가지로 중국 시장에서는 중국 소프트웨어만 사용해야 한다.

네트워크의 연결과 분리는 기술의 문제가 아니라 패권 경쟁의 문제가 되었다. 미국은 해저 케이블을 이용한 글로벌 데이터 네트워크에서도 중국을 분리하고 있다. 2020년 도널드 트럼프 미국 대통령은 클린 인터넷 계획을 발표하고 해저 케이블 사업에 중국 기업의 참여를 배제했다. 미국의 빅테크가 추진하던 13,000킬로미터의 해저 케이블 계획은 처음에는 로스앤젤레스에서 홍콩을 연결하려고 했으나 결국 홍콩을 배제하고 대만과 필리핀으로 종착지점이 바뀌었다. 이외에도 미국에서 외국을 향하는 해저 케이블은 모두 중국을 배제하고 싱가포르, 필리핀, 일본, 괌을 향하고 있다.

미국은 의도적으로 중국을 네트워크에서 분리하려고 한다. 해저 케이블은 데이터 통신에 필수적인 기반 시설이다. 2024년 기준으로 해저 케이블은 전 세계에 529회선 있으며 길이는 140만 킬로미터에 달한다. 최근에는 무선으로 연결되는 기기가 늘어나서 무선 통신이 대부분이라고 생각하기 쉽지만 사실 인터넷 통신량의 99퍼센트 이상은 해저 케이블을 경유한다.

해저 케이블 시장은 미국 빅테크가 과점하고 있다. 태평양이나 대서양을 횡단하는 해저 케이블은 수천억 원 이상 투자가 필요하다. 빅테크는 대규모 자금을 투자해서 해저 케이블을 확장하고 빅테크가 보유한 네트워크에 의존도를 올리고 있다. 중국은 해저 케이블 네트워크에서 분리되고 있다. 중국이 독자적으로 해저 케이블을 늘리더라도 미국과 하나의 네트워크로 연결하기는 어렵다.

융합:
AI와 다양한 기술이 융합한다

AI는 기술 융합의 역사

AI는 처음부터 다양한 기술의 융합에서 시작되었다. AI의 역사는 기술 융합의 역사다. 1950년대 AI 연구를 주도하던 연구자는 연구주제가 모두 달랐다. 예를 들어 벨 연구소의 클로드 섀넌은 정보의 통계이론을 바탕으로 학습하는 기계를 연구했다. IBM의 나다니엘 로체스터는 컴퓨터 설계와 프로그램 기법을 연구했다. 다트머스대학교의 존 매카시 교수는 생각을 수학적으로 규명하는 연구를 했다. 배경이 다른 연구자들이 다양한 주제를 연구하다 보니 내용이 너무 산만했다. 연구자들은 집중도를 높이기 위해 함께 모여서 논의하기로 했다. 1956년 연구자들은 다트머스대학교에 모여 8주 동안 브레인스토밍을 했다.[6] 주제는 자동 컴퓨터, 컴퓨터 프로그래밍, 신경망, 계산 크기, 자체 성장, 추상화, 창의성이다. 매카시 교수는 다양한 연구 주제를 하나로 표현하기 위해 AI라는 용어를 정의했다.

한국에서는 AI를 인공지능이라고 번역한다. 왜 이렇게 번역했는지 경위는 명확하지 않다. 같은 한자권인 한국, 일본, 중국을 보면 AI를 번역한 한자는 미묘하게 다르다. AI를 한국과 일본에서는 인공지능(人工知能)이라고 번역한다. 중국어 번체자로는 인공지혜(人工智慧)라고 번역하며, 간체자로는 인공지능(人工智能)으로 번역한다. 지능(知能)은 문제를 해결하거나 학습하는 능력을 의미한다. 지능(智能)은 생각하고 학습하는 능력을 의미한다. 지혜(智慧)는 지식과 경험을 바탕으로 사물의 이치를 이해하는 능력을 의미한다. 국어사전을 보면 지(知)는 알고 있거나 알려야 한다는 의미를 나타낸다. 지(智)는 지혜나 슬기로움을 나타내는 천부적인 능력을 말한다.

용어의 탄생 과정에서 보았듯이 AI는 한 가지 기술을 지칭하지 않는다. AI는 공학, 수학, 논리학, 철학, 심리학을 비롯한 많은 기술을 포함한다. AI라고 부르는 기술은 적어도 다음과 같은 기술을 포함한다.

- **기계학습:** 논리나 규칙을 이용해서 데이터의 상관관계를 파악하며 패턴을 발견한다. 인간처럼 생각하고 추론할 수 있는 능

력을 지향한다.

- **심층학습:** 기계학습의 일종이며 인간의 신경망을 모방한다. 신경망을 여러 층으로 나누며 각 층에서 필요한 값을 학습으로 얻는다. 데이터를 학습해 패턴을 분석하고 의미를 발견하는데 이 과정을 모두 컴퓨터 스스로 실행한다. 여러 개의 결과를 예측하는 경우에는 확률이 높은 결과를 선택한다.

- **자연어 처리:** 인간이 사용하는 언어를 컴퓨터가 이해하며 인간처럼 말하고 쓸 수 있다. 자료를 검색하고 질문에 대답하거나 번역과 통역이 가능하다.

- **이미지 인식:** 피사체가 무엇인지 인식한다. 인간의 눈에 보이지 않는 파형도 인식한다.

- **음성 인식:** 인간이 말하는 음성을 이해한다.

- **패턴 인식:** 도형이나 문자의 패턴을 구분한다.

- **자동제어:** 미리 설정한 목표와 발생한 신호를 비교해 오차를 조정한다.

- **컴퓨터 비전:** 인간의 눈처럼 기계가 눈을 가진다.

- **자동 추론:** 컴퓨터가 다양한 관점에서 추론할 수 있다.

- **데이터 마이닝:** 데이터에서 상관관계를 발견한다.

- **지능 엔진:** 인간을 대신해서 반복적인 업무를 한다.

- **시멘틱 웹:** 컴퓨터가 데이터의 의미를 이해한다.

- **인지 컴퓨팅:** 컴퓨터가 인간처럼 데이터를 습득하고 이를 이용해서 추론해 결론을 도출한다.

chapter 9

> ■ ■ ■

특허를 출원하고
사실상의 표준을 노려라

> ■ ■ ■

특허를 출원한다

특허 출원에 힘써라

"구글은 소노스에 3,250만 달러의 배상금을 지불하라."

2023년 구글은 미국 스마트 스피커 기업인 소노스와의 특허 소송에서 패소했다.[1] "이 특허 소송은 사용범위가 매우 한정된 기능에 대한 논쟁이다." 구글은 특허 침해가 매우 한정된 기능에 불과하며 새로운 기술에는 영향이 없다고 애써 주장했다. 구글의 주장에 매우 중요한 교훈이 있다. AI 경영을 도입한 기업은 매우 한정된 기능이라도 특허를 출원해서 권리를 확보해야한다. AI 경영을 시작하면 AI 기술을 최대한 활용해야 하므로

AI 매니지먼트

경영자는 AI 특허 출원에 힘써야 한다.

이론은 기술이 되고 기술은 상품이 된다. 시장이 확대되면 이론은 마침내 세상의 상식이 된다. 이론이 상품으로 표현되고 세상을 바꾸려면 2, 30년은 족히 걸린다. 논문에 소개된 이론으로 상품을 만들려면 아직 기술이 부족한 경우가 대부분이다. 상품이 시장에 보급되고 시장이 확대되는 한 기술은 계속 진화한다. 이에 맞추어 특허는 끊임없이 출원된다.

2022년 특허 출원 건수는 중국 162만 건, 미국 59만 건, 일본 29만 건, 한국 24만 건, 유럽 19만 건이다. 그중에서 생성형 AI에 관련한 특허 출원은 2010년에서 2024년까지 누적 건수는 중국이 30,124건으로 미국의 12,530건을 압도하고 1위를 차지한다. 중국에 이어 미국, 한국, 유럽, 일본 순이며 세계 특허 출원 건수의 80퍼센트를 차지한다. 중국은 화상과 동영상 기술에 주력하고 있다.[2] 특허는 출원 후 18개월 동안 비공개한다는 원칙 때문에 가장 최신 기술과는 시차가 있지만 그래도 기술의 전체 모습을 조감하고 기술이 진화하는 방향을 이해하는 데 큰 도움이 된다.

경영자는 특허를 통해서 다른 이점을 얻을 수 있다. 어떤 기업이 어떤 기술로 어떤 시장을 노리고 있는지 예상할 수 있다. 같은 산업에 속한 기업이 출원한 특허는 경쟁기업을 이해하는 데 도움이 된다. 다른 산업에 속한 기업이 출원한 특허는 타산지석이 된다. 다른 산업에서 출원된 특허를 참고하면 특정 산업에서

풀지 못한 문제를 해결하는 실마리를 찾을 수 있기 때문이다. 실마리를 찾는 방법을 농구나 축구 같은 시합에 비유할 수 있다.

- **대인방어:** 특정한 경쟁기업이 출원한 특허는 모두 검색해서 분석한다. 다른 기업은 몰라도 경쟁기업이 어떤 특허를 출원하고 어떤 사업을 지향하는지 이해할 수 있다.
- **지역방어:** 특정한 분야의 특허는 출원인에 상관없이 모두 검색해서 분석한다. 개별 기업의 동향은 몰라도 특정한 분야에서 기술이 어떤 방향으로 진화하는지 이해할 수 있다.

특허 분류 방식

특허가 출원되면 특허청에서는 체계에 맞추어 특허를 계층 분류한다. 만약 인류 역사상 최초로 발명된 기술이라면 기존의 분류로는 도저히 분류할 수 없다. 하지만 어느 정도 기술이 진화한 상태라면 어지간한 발명은 기존의 분류에 맞출 수 있다.

AI 특허는 융합 특허가 증가하는 경향을 보인다. AI의 핵심 기술과 기본 알고리즘을 다양한 기술과 융합한 형태의 발명이 늘어나고 있다. 데이터, 사물 인터넷, 디지털 건강 관리, 바이오 마커, 지능형 로봇, 자율주행, 3D 프린팅 기술을 융합하는 발명이 많다. 한국 특허청에 출원한 AI와의 융합 기술 특허는 2012

년 6,710건에서 2021년 24,732건으로 늘었다.[3] 융합 특허는 하나의 분류에만 속하기 어려운 경우가 많다. 다층 분류가 가능하지만 어떻게 분류해도 완벽하기는 어렵다. 특허를 분류하는 방식은 크게 두 가지 방식이 있다.[4]

① IPC(국제 특허 분류)

국제적으로 통일된 특허 분류체계이며 발명의 기술 분야를 7만여 개로 분류한다. 1968년에 제1판이 도입되었다. 한국 특허청은 특허 문헌의 분류와 검색을 위해 국내의 모든 출원 건에 대해 IPC를 부여한다. IPC는 AI를 크게 생물학적 모델, 지식 베이스 모델, 수학 모델로 구분한다. 구체적인 기술과 분류 기호는 다음과 같다.

- **지식 베이스 모델(G06N5):**

대규모 데이터에서 최적해를 찾아 제시하는 수법으로 전문가 시스템에 이용된다. 지식 베이스 모델은 AI 및 컴퓨팅 시스템에서 지식처리와 관련된 기술을 포함한다. 예를 들어, 언어 모델을 이용한 지식 베이스는 학습된 언어 모델을 이용해서 데이터를 여러 개의 조각으로 나눈 후에 예상되는 질문과 답변을 만든다. 지식 베이스를 이용한 답변은 사용자가 입력한 질문을 기반으로 관련 지식을 선별해서 AI가 대답을 생성한다. 데이터베이스에 저장된 문서들 사이에 존재하는 관계를 추출해서 지식 베이스를 확장하는 기술도 포함된다. 지식 베이스 모델의 하위 분류에 속하는 학습 및 추론은 AI가 인간처럼 학습과 다양한 지식을 바탕으로 추론해서 새로운 상황에 대한 답을 스스로 도출하는 기술이다. 심층학습의 핵심 기술이다.

- **생물학적 모델**(G06N3):

인공 신경망과 유전 알고리즘을 포함하는 생물학적 모델은 인간이 뇌를 이용해 학습하는 방법을 기계에 적용한 기술이며 AI가 학습할 때 연산 모델로 사용한다. 생물학적 모델에 포함되는 기술은 패턴 인식이나 최적화 문제에 많이 사용된다. 하위 분류인 신경망 기반 기술에는 심층학습을 이용한 의료 영상 분석 기술이나 컨볼루션 신경망(CNN) 기반 분류기가 포함된다. 진화 알고리즘에는 유전 알고리즘을 이용한 최적화 문제와 진화 전략을 활용한 파라미터 튜닝 방법이 포함된다. 기타 생물학적 모델에는 인공 면역 시스템이나 개미 군집 최적화 방법 등이 포함된다.

- **수학 모델**(G06N7):

주로 수학 원리에 기반한 컴퓨팅 모델과 알고리즘이 포함되며 데이터 분석, 예측 모델링, 최적화 문제에 많이 사용된다. 하위 분류의 수학적 최적화는 선형 및 비선형 프로그래밍과

동적 프로그래밍 기술을 포함한다. 확률 및 통계 모델은 베이지안 네트워크와 마르코프 체인 및 몬테카를로 시뮬레이션을 포함한다. 수치 해석 및 계산은 수치적 미분 및 적분과 행렬 연산 및 선형 대수를 포함한다. 기계 학습 알고리즘은 서포트 벡터 머신(SVM)과 클러스터링 알고리즘을 포함한다.

② CPC(협력적 특허 분류)

IPC보다 세분화해서 기술 분야를 26만여 개로 분류하는 체계다. CPC는 효율적인 선행기술조사를 위해 미국특허청과 유럽특허청의 주도로 2012년 개발되었다. 2024년에는 38개 국가가 특허 문헌을 CPC로 분류하고 있다. 특허 문헌과 비특허 문헌을 포함해서 6,870만 건 이상의 문헌이 CPC로 분류되어 있다. 한국은 2015년 1월 이후 출원부터 IPC와 CPC를 함께 부여하고 있다. AI의 구체적인 기술과 분류 기호는 다음과 같다.

- **핵심 기술과 기본 알고리즘(G06N):** AI 특허의 가장 대표적인 분류인데 딥러닝 등 AI 기본 알고리즘과 학습용 데이터 가공 기술이 포함된다. 수학적인 방법론만으로는 특허가 성립되기 어렵다. 세부 기술로는 신경망 기반 컴퓨팅, 학습 시스템, 기계학습 기반 시스템, 특정 문제 해결을 위한 AI 시스템, 지식 기반 시스템이 포함된다. 학습 시스템은 하위 분류에 심층학습을 포함한다.

- **전자 디지털 데이터 처리(G06F):** 디지털 컴퓨터와 관련된 계산 모델과 알고리즘이 포함된다. 세부 기술로는 자연어 처리를 위한 언어 모델, 문제 해결을 위한 계산 모델과 AI 알고리즘을 포함한다.

- **데이터 인식(G06K):** 패턴 인식, 이미지 분석, 컴퓨터 비전을 포함한다. 세부 기술로는 신경망을 사용한 패턴 인식을 포함한다.

- **제어 시스템(G05B):** AI 기반의 적응 제어 시스템이 포함된다. 세부 기술로는 AI를 사용한 산업 프로세스 제어가 포함된다.

- **음성 인식 및 처리(G10L):** 음성 인식과 화자 인식을 포함한다. 세부 기술로는 자연어 처리와 연관된 음성 인식 시스템, 음성 합성 및 AI 기반 대화 시스템을 포함한다.

- **디지털 정보 전송(H04L):** 네트워크에서의 기계 학습, AI 기반의 데이터 전송 및 처리, AI를 사용한 데이터 교환 및 보안 시스템을 포함한다.

- **의료 진단 및 데이터 분석(A61B):** 의료 진단 데이터를 분석하는 AI 시스템, 바이오메트릭 데이터 분석에 AI를 적용하는 방법이 포함된다.

- **이미지 통신(H04N):** 디지털 이미지와 비디오 처리를 위한 컴퓨터 비전 및 영상 인식을 포함한다.

* AI 기술이 포함된 분류는 이외에도 컴퓨터 비전(G06V), 지능형 로봇(B25J) 등 다양하다.

AI 활용에 집중한 특허를 출원한다

AI 특허는 크게 보면 두 가지로 구분할 수 있다. 기술에 집중한 특허와 활용에 집중한 특허다.

- **AI 기술에 집중한 특허:** AI 알고리즘이나 AI 모델의 구조에 관한 발명이 많다. AI 데이터 특허는 AI 모델 학습에 필요한 데이터 및 데이터 처리 과정에 관한 기술에 집중한다.
- **AI 활용에 집중한 특허:** AI 기술을 적용한 제품과 서비스에 관한 발명이 많으며 AI 비즈니스 메소드 특허라고 부른다. 비즈니스 메소드는 기술을 이용해서 과제를 해결하는 방법이다.

비즈니스 메소드는 아이디어만으로는 특허가 되지 않지만, AI 기술을 이용해서 구체적으로 비즈니스 메소드를 제시하고 신규성과 진보성이 인정되면 특허로 등록된다. 비즈니스 메소드는 데이터를 학습한 AI가 예측하고 판단하는 기계 학습을 많이 사용한다. 비즈니스 메소드 발명의 내용은 예를 들어 다음과 같다.

'사물 인터넷에 연결된 다양한 센서를 통해서 데이터를 수집한다. 데이터는 인터넷으로 연결되어 클라우드에 올리고 축적한다. 축적된 데이터를 AI가 분석하고 새로운 형태의 서비스를

창조한다.'

비즈니스 메소드 특허는 IPC 분류에서는 주로 G06Q로 분류된다. 세부 분류로는 관리/경영, 서비스업 일반, 전자상거래/마케팅, 금융이 포함된다. 구체적으로는 다음과 같은 내용이 포함된다.

행정 및 관리 분야의 데이터 처리, 지불 체계와 방식 또는 프로토콜에서 데이터 처리, 상업 활동 관련 데이터 처리, 금융/보험/세무에서 데이터 처리, 특정 사업에 적합한 시스템 또는 방법의 데이터 처리.

최근 일본 특허청은 비즈니스 메소드 특허를 크게 장려하고 있다.[5] 일본에서는 비즈니스 메소드 특허 출원이 2000년에 인터넷 비즈니스를 대상으로 절정을 이루었다. 이후 출원이 감소하다가 최근에 다시 증가하고 있으며 2021년에는 13,032건 출원되었다. AI가 다양한 산업으로 확산되면서 서비스업을 중심으로 AI를 활용한 새로운 비즈니스 메소드가 늘어나고 있기 때문이다. 구체적으로는 숙박업, 음식업, 부동산업, 운수업, 통신업이 많다. 뒤를 이어 관리와 경영이 많은데 여기에는 사내 업무 시스템, 생산 관리, 재고 관리, 프로젝트 관리, 인원 배치가 포함된다. 전자상거래와 마케팅 분야에서는 경매, 시장 예측, 온라인 광고가 많다.

사실상의 표준을 노린다

국제 표준이 시장을 여는 열쇠

전 세계의 표준기관은 물론이고 비영리단체까지 포함하여 많은 기관이 AI 표준 작업에 뛰어들고 있다. ISO/IEC 42001 〈AI 경영시스템〉은 조직 내에서 AI 관리 시스템을 구축, 구현, 유지 관리, 개선하기 위한 요구 사항을 명시한 국제 표준이다.[6] AI를 활용한 제품과 서비스를 개발하거나 사용하는 모든 규모의 조직과 모든 산업에 적용할 수 있다. 이를 위해 AI를 조직에서 효율적으로 활용하기 위해 윤리적인 고려 사항, 투명성, 지속적인 학습과 같은 주제를 다룬다. 구체적으로는 데이터 사용 방법 및 이점, 위험 및 기회 관리 프레임, AI의 책임 있는 사용 입증, 추적 가능성, 투명성 및 신뢰성, 비용 절감 및 효율성 향상이라는 주제가 포함된다.

미국전기전자기술자협회(IEEE)는 AI 표준위원회를 중심으로 주로 자율기술과 AI 윤리를 다루고 있다.[7] 국제전기통신연합 (ITU-T)은 주로 클라우드 컴퓨팅, 통신 네트워크, 멀티미디어 등을 다루고 있다.[8]

AI 표준을 만드는 대표적인 기관은 국제표준화기구(ISO)와 국제전기표준회의(IEC)가 있다. ISO와 IEC가 발족한 공동 기술위원회 ISO/IEC JTC1은 2017년 소위원회인 SC 42에 AI 기술을 집약시켰다.[9] 공통 프레임, 용어, AI 시스템의 계산 방식과 아키텍처, 위협과 리스크 평가 등 다양한 주제를 다루며 유스 케이스도 개발하고 있다. 구체적으로는 다음과 같은 주제가 있다.

- **AI 개념 및 용어:** AI 기술 및 서비스에 활용되는 용어와 개념
- **기계학습 프레임 워크:** AI 서비스 지원에 필요한 기능, 요구 사항, 참조 구조
- **AI 위험 관리 체계:** AI 기술과 서비스를 개발하고 도입할 때 발생할 수 있는 위험 요소를 관리하기 위한 지침
- **AI 윤리 및 사회의 관심:** AI 시스템이 준수해야 하는 윤리에 대한 가이드 라인
- **신경망 표현 포맷:** 멀티미디어 기반의 심층학습 모델의 효과적

인 압축을 위한 AI 신경망 압축 및 표현 기술

- **기계학습 기반의 특징 정보 부호화:** 스마트시티에 필요한 AI 기반의 영상 특징 정보를 효율적으로 부호화하는 기술
- **AI 경량 소프트웨어 프레임:** AI 서비스를 지원하기 위해 단말기에서 제공하는 AI 경량 소프트웨어 기능 및 참조구조
- **실시간 동시통역:** 연속적인 자유 발화를 실시간 동시통역하는 기술

국제 표준은 개념이나 용어를 정의하고 시스템 프레임을 정의한다. 국제 표준이 생기면 데이터 공유를 위한 호환성이 담보되며 기술을 산업에 응용해서 산업 발전을 촉진한다. 국제 표준이 시장을 여는 열쇠인 만큼 주요 국가는 자국의 기술을 국제 표준으로 만들려고 노력한다. 노력에는 국가마다 특징이 있다.[10] 예를 들어 중국은 다양한 분야에서 AI를 활용하기 위한 기술과 응용 방법에 초점을 맞추고 있다. AI가 내포하고 있는 위험과 신뢰에 대한 제안은 드물다. 2017년 중국은 〈차세대 AI 발전 계획〉에서 AI 제품과 서비스에 필수적인 국제 표준 개발에 관여하고 주도하겠다고 공언했다. 2018년 이후 중국은 화웨이나 텐센트 같은 빅테크가 국제 표준화 활동에 적극적으로 참여하며 국제표준화기구에도 깊이 관여하고 있다. 중국은 이어 2018년 〈AI 표준화 백서〉와 2021년 기술 표준을 위한 국가전략을 발표했다. 이에 비해 EU는 AI의 위험을 방지하고 신뢰를 높

이는 제안에 집중하고 있다. 중국과 EU의 관심은 상반되는 지점에 있다.

국제 표준은 앞으로 AI 활용을 위한 표준과 AI 윤리와 신뢰를 위한 표준을 두 개의 축으로 제정될 전망이다. 국제 표준은 기업이나 국가나 기술에서 우위에 서고 시장에 진입하기 위해 반드시 필요하다. AI는 모든 주요 국가의 최우선 과제이기 때문에 국제 표준을 제정하려면 이해관계를 조정하기 어렵다. 중국은 일대일로 참여국을 중심으로 국제 표준화에 영향력을 확대하고 있다. EU는 회원국이 같은 목소리를 내면 표준화 제정에 유리하다.

사실상의 표준은 시장에서 만든다

자사의 제품과 서비스가 시장에서 사실상의 표준이 되도록 노력한다. 표준을 선점하면 이후에 상품 개발과 시장 확장에서 주도권을 가질 수 있다. 제품이나 서비스를 대상으로 일정한 기준을 정한 표준은 시장 확대에 가장 중요한 무기가 된다. 아무리 좋은 제품과 서비스라도 품질, 안전성, 호환성, 시험 평가 방법을 표준으로 정하지 않으면 시장 확장은 기대하기 어렵다. 제품과 서비스에 호환성이 없으면 사용과 보급에 한계가 있기 때문이다. AI를 활용한 제품과 서비스에는 아직 표준이 없는 경우가 대부분이다. 표준특허도 거의 없다. 표준특허는 표준 문서의 규격을 기술로 구현하는 과정에서 해당 특허를 침해하지 않고서는 구현할 수 없는 특허다.[11]

시장 점유율이 높으면 사실상의 표준이 될 가능성이 크다. AI를 활용하는 제품으로 중국의 전기차는 유력한 후보다. 중국의 저렴한 전기차가 전 세계에 덤핑 수출되고 세계 시장을 과점한다면 결국 중국의 전기차는 사실상의 표준이 된다. 이런 상황이 오면 모든 전기차 메이커는 중국의 전기차와 호환되는 전기차를 만들어야 한다. 그렇지 않으면 팔리지 않는다. 만약 중국 전기차가 소프트웨어를 갱신하면 전 세계의 전기차 메이커는 중국 소프트웨어와 호환되도록 소프트웨어를 갱신하고 중국에 로열티를 지불해야 한다.

전기차의 센서가 수집하는 모든 데이터는 중국 메이커가 수집한다. 중국은 데이터를 국내에서만 공유하고 외국 기업에는 제공하지 않는다. 전기차와 사물 인터넷이 융합해서 교통 시스템에 활용되면 개인이 축적한 데이터를 언제든지 입수할 수 있다. 이런 우려를 없애기 위해 미국은 자율주행 레벨3 이상의 자동차에는 중국 소프트웨어를 탑재하지 못하도록 하지만 어떤 규제든 완벽하지 않다. 적어도 전기차의 사실상의 표준은 미국 표준과 중국 표준으로 나뉠 수 있다.

특허를 과점한 경우, 사실상의 표준이 될 가능성이 크다. AI에 필수적인 통신에서는 중국이 표준특허를 과점하고 있다.

2024년 기준으로 중국은 5G 표준 필수특허가 전 세계의 42퍼센트를 차지한다.[12] 5G 기지국 세계 시장 점유율은 50퍼센트를 넘는다. 기업으로는 화웨이가 5G 분야에서 가장 많은 표준 필수특허를 보유하고 있다. 2021년 기준 필수 표준특허 4,796건 중에서 화웨이는 1위로 21퍼센트를 차지한다. 뒤를 이어 삼성 12퍼센트, LG 11퍼센트, 퀄컴 10퍼센트 순이다.[13] 화웨이는 전세계의 30여 개 기업에서 특허 로열티를 받고 있다.[14] 화웨이에 로열티를 지불하는 기업은 애플, 삼성전자, 버라이즌, 벤츠, 아우디, BMW를 포함한다.

chapter 10

AI 퍼스트 그룹에 들어가라

퍼스트 그룹을 형성하라

AI 기술을 주도하고 이끌어가는 기업

"가장 앞에 나는 새가 가장 먼저 본다."

가장 먼저 보면 자신에게 유리하도록 방향을 바꾸거나 속도를 조절할 수 있다. AI 경영을 도입한 경영자는 가장 앞에 서야 한다는 목표를 세워야 한다.

어느 산업이든 그 산업을 가장 앞에서 이끌어가는 기업이 있다. 하나의 기업이 산업 전체를 이끌어가는 경우는 드물며 몇 개 기업이 그룹을 지어 산업을 이끌어간다. 예를 들어, 전 세계에 이름이 알려진 자동차 제조기업은 100개 이상 되지만 자동

AI 매니지먼트

차 산업을 이끌어 가는 제조기업은 상위의 소수 기업이다. 2023년 판매량을 기준으로 보면 토요타, 폭스바겐, 현대차, 스텔란티스, 포드가 상위 5위를 차지하고 있다. 이들 기업이 자동차에 어떤 기술을 적용하는지 가격을 어떻게 책정하는지는 자동차 산업 전체에 큰 영향을 준다.

이처럼 산업을 주도하고 이끌어가는 기업을 본서에서는 퍼스트 그룹이라고 부른다. AI 산업에서도 퍼스트 그룹을 형성하고 기술을 주도하는 기업이 여럿 등장하고 있다. 앞으로 계속해서 시장을 독과점하려면 가야 할 길이 멀다. 무모하게 에너지를 소모하면 경쟁에서 탈락한다. AI는 기술 진화가 빠르고 투자 규모가 크기 때문에 만약에 실패하면 기업의 생존이 위태롭다. 이런 이유로 AI 퍼스트 그룹을 형성해서 몇 개 기업과 함께 집단으로 산업을 주도하는 형태가 리스크가 적고 기업 생존에 유리하다.

퍼스트 그룹은 경쟁 전략론의 중요한 방법론이다. 퍼스트 그룹은 같은 그룹에 속한 기업이 제품 출하량이나 가격을 서로 관찰하면서 조정한다. 기업들이 직접 소통하지 않아도 자연스럽게 경쟁을 회피하며 경쟁의 강도는 낮아진다.

일반적으로 퍼스트 그룹은 두 가지 방식으로 형성된다. 첫째, 산업이 형성되는 초기에 몇 개 기업이 명시적으로 파트너십을 맺고 인위적으로 노력해서 만드는 방식이다. 둘째, 산업이 어느 정도 성숙한 단계에 몇 개 기업이 암묵적으로 강하게 뭉치면서 자연스럽게 만들어지는 방식이다. 암묵의 동맹 혹은 암묵적인 협조는 현실 세계에서 널리 사용되는 전략이다.

퍼스트 그룹을 만드는 방식이 달라도 목적은 같다. 기업 생존이다. 기업 생존을 위해 시장의 독과점을 노린다. 이들 기업은 특허나 노하우를 포함한 지식재산권을 상호 승낙하고 경쟁기업에는 승낙하지 않는다. 지식재산권을 퍼스트 그룹 내에서만 실시하면 희소성은 더욱 올라간다. 경쟁기업이 기술을 모방하거나 대체하기 어렵다. 지식재산권을 활용해서 진입장벽을 높이 쌓고 후발주자의 추격을 막는다. 필요한 자원이 많고 투자 금액도 커서 경영의 리스크가 큰 산업일수록 퍼스트 그룹에 들어가서 다른 기업과 함께 리스크를 나누어야 한다.

노력해서 만드는
명시적인 퍼스트 그룹

AI 시장은 성장기다

AI 기술이 탄생한 지는 70년 이상 지났지만, 생성형 AI가 등장하면서 새로운 시장에 대한 기대감이 커지고 있다. 시장의 수명을 성장기, 성숙기, 쇠퇴기로 구분한다면 현재의 AI 시장은 성장기라 할 수 있다. AI의 명시적인 동맹은 IT 산업의 빅테크를 중심으로 형성되기 시작한 단계다.

마라톤에 비유하면 이해하기 쉽다. 마라톤에서 퍼스트 그룹이 형성되는 과정은 기사를 보면 도움이 된다.[1] 마라톤 과정에서 선수들은 선두 그룹, 중위 그룹, 후위 그룹으로 나뉜다. 선두 그룹에 속한 선수는 우승 경쟁자들이다. 중위 그룹에 속한 선수는 우승 경쟁에서는 탈락했지만, 최고 기록을 갱신하고 다음 시합을 준비한다. 후위 그룹에 속한 선수는 끝까지 완주해서 실력을 키운다는 목표를 세운다.

출발선을 떠나 5킬로미터까지는 40여 명의 선수가 선두 그룹을 형성한다. 5킬로미터를 지나 10킬로미터에 도달할 즈음에는 선두 그룹을 형성하는 선수는 20여 명으로 줄어든다. 25킬로미터를 지날 무렵에는 10명 이내로 줄어든다. 선두 그룹에서 선수는 한 명씩 탈락하며 결승점에 가까워질수록 숫자가 줄어든다. 30킬로미터를 지날 무렵에는 선두 그룹이 4명 정도로 압축된다. 실질적인 선두 그룹이 형성되기 시작하는 지점은 대략 25킬로미터를 지나면서 30킬로미터 구간이라고 볼 수 있다. 30킬로미터를 지나면서부터는 본격적인 우승 경쟁이 펼쳐진다. 35킬로미터 정도가 되면 체력이 소진되고 정신력으로 달린다.

선두 그룹을 자세히 보면 가장 앞에서 달리는 선두와 빠르게 선두를 따라가는 추격자가 있다. 마라톤에는 선두를 달리는 선수가 아니라 2, 3위를 달리던 선수가 우승하는 경우가 많다는 경험칙이 있다. 맨 앞에서 달리는 선두는 자신의 뒤를 빠르게 따라오고 있는 선수들에게 심리적으로 큰 압박을 받는다. 선두는 온몸으로 공기저항을 받기 때문에 에너지를 많이 사용하며 체력 소모가 많다. 2위나 3위로 달리는 선수는 1위 등만 보면 오히려 심리적으로 안정되며 체력을 아낄 수 있다. 이는 철새와 비슷하다. 철새가 장거리 이동할 때 V자를 만들면 뒤쪽에 있는 새는 상승기류를 타게 되어 70퍼센트 이상 더 멀리 날 수 있다. 가장 앞에서 날아가는 철새는 체력 소모가 심하다. 철새는 번갈아 가며 선두를 교대하지만, 산업에서는 교대가 아니라 경쟁 탈락이 된다.

현재 AI 산업에서는 퍼스트 그룹을 형성하고 있는 단계다. 몇 개 기업이 앞서 나가고 있지만 앞으로 어떤 기업이 선두로 나설지는 두고 보아야 한다. 마라톤에 비유하면 5킬로미터 지점에 도달한 정도라서 40여 명의 선수가 섞여 있는 상태다. 우승자를 예측하기에는 아직 이르다. AI 퍼스트 그룹을 주도하는 몇 개 세력이 있다.

① 오픈AI를 중심으로 하는 세력

오픈AI는 마이크로소프트와 소프트뱅크 등을 규합해서 세력을 만들고 있다. 오픈AI와 마이크로소프트는 2019년부터 파트너십을 맺고 협력하고 있다. 마이크로소프트는 오픈AI에 1,000억 달러를 투자했으며 2028년부터는 오픈AI만을 위한 데이터 센터를 가동할 계획이다. 소프트뱅크는 오픈AI와 AI 반도체 제조에 협력한다.

퍼스트 그룹을 형성하는 기업은 경쟁기업에는 힘을 합쳐 대항하고 내부에서는 서로 경쟁한다. 마이크로소프트는 2024년 연례 보고서에서 경쟁자로 오픈AI를 추가했다.[2] 경쟁하는 분야는 AI 서비스와 검색 및 뉴스 광고 분야다. 마이크로소프트가 공개적으로 밝히는 경쟁자는 구글, 애플, 메타, 아마존인데 여기에 오픈AI가 추가되었다. 마이크로소프트는 오픈AI의 AI 모델을 클라우드에서 제공하며 자사의 AI 모델 개발에도 활용한다.

오픈AI와 엔비디아 역시 서로 협력하면서 동시에 경쟁한다. 엔비디아는 오픈AI에 GPU를 대량으로 제공한다. 오픈AI의 샘 알트먼 CEO는 자체적인 AI 반도체 제조를 위해 5조에서 7조 달러 규모의 투자를 유치하고 있다. 만약 이 계획이 실현되면 엔비디아는 오픈AI가 주도하는 퍼스트 그룹에서 탈락한다. 이에 대비해서 엔비디아는 오픈AI는 물론이고 오픈AI의 경쟁기업인 xAI에도 투자한다.

오픈AI를 중심으로 하는 퍼스트 그룹에 공개적으로 대항하며 별도의 그룹을 만드는 세력도 있다. 2023년 메타와 IBM을 중심으로 AMD와 인텔 등이 결집해서 〈AI 얼라이언스〉를 결성했다.[3] 한국 기업으로는 카카오가 최초로 합류했다. 이 그룹은 오픈AI의 AI 독점을 막는다는 명분으로 AI 오픈소스를 지향한다. 오픈AI가 기술을 숨기는 폐쇄적인 정책을 펼치는 데 대한 경계다. 2020년 이후 미국에서는 50만 건 이상의 AI 특허가 출원됐으며 생성형 AI는 22퍼센트를 차지했다. 그런데 오픈AI가 출원한 특허는 5개 미만이다.[4] 오픈AI는 특허를 출원해서 기술을 공개하는 대신 영업 비밀이라는 형식으로 지식재산을 보호한다. 이에 비해 가장 많은 생성형 AI 특허를 출원한 기업은 IBM으

AI 매니지먼트

로 1,591건에 달한다. 뒤를 이어 구글 1,037건, 마이크로소프트 695건, 삼성전자 608건, 인텔 396건이다.

② 엔비디아를 중심으로 하는 세력

AI 반도체 1위인 엔비디아를 중심으로 하는 퍼스트 그룹에는 반도체 파운드리 1위인 TSMC와 HBM 1위인 SK하이닉스가 속해 있다. 이들 기업은 서로 협력하면서 AI 생태계를 키우고 있다. TSMC와 SK하이닉스는 차세대 HBM을 공동 개발하기로 했을 정도다.

엔비디아를 중심으로 하는 그룹에 대항하는 그룹도 있다. 인텔은 자사를 중심으로 하는 퍼스트 그룹을 형성하려고 삼성전자를 끌어들인다. 인텔은 엔비디아에 밀리고 삼성전자 역시 HBM 시장에서 존재감이 약하다. 이들 기업이 단독으로 엔비디아를 중심으로 하는 퍼스트 그룹과 경쟁해서 이기기는 어렵다. 인텔과 삼성전자는 모두 AI 반도체를 개발하기 때문에 사실은 경쟁자다. 하지만 엔비디아가 주도하는 퍼스트 그룹과 경쟁하기 위해서는 당분간 협력하는 게 이익이라고 판단한다.

자연스럽게 만들어지는
암묵적인 퍼스트 그룹

경쟁기업의 진입을 공동으로 저지한다

시장이 성장기를 지나 성숙기에 접어들면 시장을 주도하는 기업은 진입장벽을 쌓아 경쟁기업을 배제하려 한다. 만약 표준특허나 필수적인 노하우 같은 지식재산권을 한 개 기업이 단독으로 보유한다면 시장을 독점할 수 있다. 하지만 현실에서는 보기 어렵다. 대부분 상품은 복잡한 요소로 구성되기 때문에 한 개 기업이 지식재산권을 독점하기 어렵다. 서너 개 기업이 지식재산권을 대부분 보유하고 있다면 이들 기업은 어떤 전략을 취할까?

AI 매니지먼트

가장 많이 보이는 전략은 암묵적인 그룹 형성이다. 서너 개 기업이 암묵적으로 협력하면서 경쟁기업의 진입을 공동으로 저지하고 시장을 과점한다. 이들 기업은 자사가 보유한 지식재산권을 상대 기업이 실시할 수 있도록 크로스 라이선스 계약을 맺고 공식적으로 승낙한다. 비공식적으로 실시를 묵인하는 경우도 있다. 크로스 라이선스한 기업끼리는 낮은 가격으로 계약해서 로열티 부담을 줄이고 시장에서 경쟁한다. 경쟁기업이 시장에 진입하려고 실시를 요청하면 승낙하지 않는다. 혹은 승낙하더라도 로열티를 매우 높게 설정해서 경쟁기업의 원가를 높인다. 상품 원가에서 차지하는 로열티 비중이 비현실적으로 높아지면 경쟁기업은 제품 개발을 포기할 수밖에 없다. 시장이 성숙기를 지나 쇠퇴기로 들어서면 제품의 코모디티화로 인해 가격이 하락하는 시기가 온다. 로열티가 늘어나면 사업을 지속하기 어렵다. 억지로 시장에 진입해도 경쟁력이 없다.

암묵적인 퍼스트 그룹은 지식재산권에 의해 자연스럽게 형성된다. 지식재산권의 대표는 표준특허다. 특허 중에서 표준으로 지정된 특허는 표준특허라고 한다. 통신과 네트워크처럼 데이터와 프로토콜이 상호 호환되지 않으면 상품이나 서비스를 사용할 수 없는 경우에는 모든 상품과 서비스는 표준특허를 따라야 한다. 표준특허에서 지정한 기술 사양을 따르지 않으면 시장 진입이 불가능하다.

오픈 전략 & 크로스 전략

표준특허로 지정되면 국제표준화기구에서 규정한 RAND 조항을 따를 의무가 있다. 표준특허의 사용은 타당하고 비차별적이어야 한다는 조항이다. 국제 표준으로 지정된 표준특허는 경쟁기업에도 라이선스를 부여할 의무가 있다. 표준특허의 권리를 보유한 기업은 실시를 원하는 기업을 차별하지 않고 타당한 조건으로 승낙해야 한다. 누구나 표준특허를 차별 없이 실시할 수 있어야만 국제 표준을 보급할 수 있다. 다양한 상품과 서비스를 호환할 수 있으면 시장이 확대된다. 하지만 권리를 보유한 기업의 관점에서 보면 RAND 조항에는 문제가 있다. 누구에게나 차별 없이 실시를 승낙해야 하므로 독점에 의한 수익을 만들기 어렵다.

이런 이유로 필수적인 특허를 보유한 기업은 오픈 전략과 크로스 전략을 동시에 추구한다. 오픈 전략은 일부 특허가 표준특허로 지정되도록 지원하는 전략이다. 표준특허와는 별개로 필수적인 특허나 노하우를 진입장벽으로 활용한다. 국제표준화기구에서 제정한 표준화 문서에는 기재되지 않는 필수 기술이 존재하는 경우가 많다. 최첨단 기술을 집결한 제품이나 시스템이라면 모든 기술을 완벽하게 명기한 표준화는 만들기 어렵다. 현실적으로는 필요하지만, 표준화의 대상에서는 제외된 기술이 존재할 가능성이 크다. 국제 표준을 주도하는 기업은 이러한 영역을 의도적으로 만든다.

오픈 전략으로 공개된 표준화 문서만으로는 실제로 상품을 만들거나 서비스를 개발하기 어려운 경우가 대부분이다. 예를 들어 표준화 문서에서 특정 파라미터의 범위를 1에서 5까지라고 규정한다면 언제 어떤 수치를 적용해야 할지 해석하기 어렵다. 구체적인 수치를 해석하려면 표준특허를 보유한 기업의 노하우나 표준으로 지정되지 않은 특허를 활용해야 한다. 이때 노하우나 표준으로 지정되지 않은 특허를 기업 내부에 보유하는 전략이 바로 크로스 전략이다. 필수적인 특허나 노하우를 가진 소수의 기업이 퍼스트 그룹을 형성한다면 시장을 독과점하기 수월하다. 퍼스트 그룹이 보유한 지식재산권은 그룹에 속한 기업들이 협업하지 않으면 만들 수 없는 내용도 있다. 예를 들어 통신장비를 상호 접속하는 경우, 타사와 협업을 해야만 노하우가 생긴다.

크로스 전략의 대상이 되는 노하우와 특허는 경쟁기업에 공개하지 않으며 실시 승낙도 하지 않는다. 오픈 전략이 기술을 공개하고 시장을 확대하는 전략이라면, 크로스 전략은 기술을 은폐하고 진입장벽을 구축하는 전략이다. 원론적으로 말하면 오픈 전략으로 기술 사양을 주도하면서 크로스 전략으로 수익을 얻는다.

암묵의 동맹

암묵적인 퍼스트 그룹은 지식재산권을 기반으로 하며 명시적인 동맹을 맺지 않고 느슨하게 연합한 암묵의 동맹이다. 표준특허를 보유하지 않거나 노하우가 없는 기업은 암묵의 동맹에 가입할 수 없다. 처음부터 암묵의 동맹을 설계하는 기업은 없고 결과적으로 암묵의 동맹이 형성된다. 특허 출원과 등록은 개별 기업의 활동이기 때문에 동맹이 필요하지 않다. 암묵의 동맹에 가입할 수 있는 자격은 표준특허로 지정된 후에 생긴다.

암묵의 동맹을 형성하려면 지식재산권을 보유한 기업이 소수이어야 한다. 지식재산권 건수가 적으면 관련 기업도 적기 때문에 암묵의 동맹을 형성하기 쉽다. 표준특허는 없더라도 제품 개발에 꼭 필요한 노하우가 있거나 반드시 활용해야 하는 관련 특허가 있는 기업도 암묵의 동맹을 형성하기 수월하다. 만약 이런 기업이 서너 곳에 불과하며 사업환경이나 전략이 유사하면 이해관계가 일치하기 쉽다.

기업의 사업환경이 너무 크게 다르면 암묵의 동맹을 형성하기 어렵다. 예를 들어 어떤 기업은 자사가 보유한 특허를 활용해서 제품을 개발한다. 어떤 기업은 제품은 개발하지 않고 특허 실시권 계약을 맺고 수익을 얻으려고 한다. 이런 경우에는 두 기업이 암묵의 동맹을 형성하기 어렵다. 만약 형성한다고 해도 지속할 가능성은 낮다. 해당하는 기업이 많으면 국제기구나 협

AI 매니지먼트

회처럼 명시적인 합의를 해야 하므로 암묵적인 동맹을 형성하기 어렵다. 지식재산권 숫자가 많고 다양한 기술 영역에 퍼져있으면 관련 기업도 많아 동맹 형성이 어렵다.

암묵의 동맹에 가입한 기업은 사실상 기술을 독점하고 시장에서 경쟁기업을 배제한다. 암묵의 동맹이 형성된 후에도 표준특허를 다수 등록하거나 강력한 노하우를 개발한 기업은 새롭게 동맹에 가입할 수 있다. 암묵의 동맹이기 때문에 공식적인 가입 절차는 없으며 자연스럽게 동맹에 속한 효과를 보게 된다.

암묵의 동맹은 시장 확대에 따라 자연스럽게 형성되며 시장 상황이 변하면 자연스럽게 해소된다. 기업의 방침이나 경영 환경이 변해도 자연스럽게 소멸한다. 암묵의 동맹은 기업들의 명시적인 합의가 없어 기능과 효력이 지속되는 기간은 한정적이다. 경영 환경이 변하면 경영 전략은 변하기 마련이다.

암묵의 동맹을 지속하려면 기업은 특허를 대량으로 출원하며 표준특허로 지정되기 위한 활동을 추진해야 한다. 표준특허로 지정되기 위해 표준화 활동에 계속 참여한다. 표준특허가 아니라도 필수적인 특허를 보유해야 한다. 특허 독점 기간이 만료하기 전에 진화한 특허를 계속 출원한다. 대량의 특허를 출원하고 크로스 라이선스의 대상이 되는 특허가 많을수록 협상에 유리하다. 타사에 지급하는 특허 로열티도 줄일 수 있다. 퍼스트 그룹을 지향하는 기업은 자사 제품과 서비스에 사용하는 수준보다 더 넓은 범위에서 대량으로 특허 출원한다. 특허가 많으면 경쟁기업의 특허 등록을 방해한다. 특허 출원에는 시간과 비용이 필요하므로 기업으로서는 상당한 수준의 자원을 투입해야 한다.

퍼스트 그룹을 유지하는
제1 조건은 혁신

<u>한국은 AI 퍼스트 그룹인가?</u>

기업만이 아니라 국가도 AI 퍼스트 그룹을 지향한다. 기업은 특정 분야에서 퍼스트 그룹을 지향하고 국가는 전체 분야에서 퍼스트 그룹을 지향한다. 현재 AI 퍼스트 그룹을 형성하고 있는 국가는 명확하게 드러난다. 선두 그룹에는 10여 국가가 있다. 미국과 중국이 투 톱으로 선두다. 그 뒤를 한국, 일본, 싱가포르, 독일, 프랑스, 영국, 캐나다가 추격하고 있다. 한국은 선두 그룹에 속한 추격자라 할만하다.

선두는 추격자와 거리를 늘리려고 전력으로 질주하고 있고 추격자는 선두와의 거리를 조금이라도 줄이려고 역시 전력으로 질주하고 있다. 선두와 추격자의 거리는 가깝지 않다. 추격자 중에서 어떤 국가도 미국과 중국을 제치고 단독 선두로 나설 만한 능력이 없다. 추격자는 선두를 따라가기에도 힘이 벅차다.

미국은 중요한 기술에서 대부분 최고 수준을 유지하고 있다. 외국은 미국의 기술을 수입하거나 미국 기술을 참고로 기술을 개발한다. 그런 이유로 특정 국가의 기술 수준은 미국을 기준으로 평가하는 경우가 많다. 2020년 기준으로 미국의 AI 기술 수준을 100이라고 하면 중국은 86퍼센트 수준이다. 유럽은 미국의 90퍼센트 수준이고 한국은 미국의 81퍼센트 수준이다. 선두를 달리는 미국은 중국과의 거리를 늘리는 초격차 전략을 구사한다. 수출금지와 규제를 이용해서 중국의 속도를 늦추려고 한다. 추격자는 선두 뒤만 바라보고 빠르게 따라간다.

중국은 특정 문제에는 강하지만 미국과 비교하면 핵심 기술은 상대적으로 약하다고 평가된다.[5] 하지만 중국은 몇 가지 분야에서는 미국을 앞서고 있다. 예를 들어, 중국은 안면 인식을 이용한 보안 기술에 강하다. 2030년에는 중국이 기초이론과 알고리즘에서 미국과 비슷한 수준에 도달할 전망이다. 중국은 정부가 AI를 주도하며 기업이 역할을 분담한다. 바이두는 자율 주행차, 알리바바는 스마트 시티, 텐센트는 의료 이미지 인식, 아이플라이텍은 음성 인식, 센스타임은 안면 인식 기술이라는 식이다.

AI 매니지먼트

한국은 미국과 중국과 멀리 떨어진 추격자의 위치를 유지하고 있지만 미국과 중국을 제치고 선두로 나설 수 있는 능력이 부족하다. 한국만이 아니라 독일이나 영국처럼 AI 강소국은 모두 같은 상황에 있다. 이들 국가는 다자주의에 기반한 암묵적인 AI 퍼스트 그룹을 형성하려는 노력을 시작했다. 영국은 〈AI 정상회의〉를 제안했다. 자국의 AI 산업을 부흥하기 위해 전략적이며 정치적인 의도가 있지만, 이에 동조하는 중간국가는 한국을 포함해서 많이 있다. 1차 회의는 2023년 영국에서 개최되어 AI 안전을 주요 이슈로 다루었다. 2024년 2차 회의는 서울에서 있었다.[6] AI 서울 정상회의에 모인 세계 지도자들은 AI가 경제와 사회에 미치는 영향을 이해하고 국제 협력 및 대화 촉진을 위해 노력하기로 했다.[7] 3차 AI 정상회의는 2025년 파리에서 개최되는데 AI가 가져올 혁신과 공공 이익 등 광범위한 주제에 맞춘 행동이 강조된다.[8]

국가의 혁신 순위

선두든 추격자든 AI 퍼스트 그룹에 속하려면 가장 중요한 요소는 혁신이다. 혁신은 AI 퍼스트 그룹에만 필요한 요소는 아니지만, AI 퍼스트 그룹에도 가장 중요한 요소이다. 국가의 혁신이 어느 정도 수준인지 비교하는 보고서는 여러 개 있다. 그중에서 가장 많이 인용되는 몇 가지 보고서를 살펴보자.

- 중국 과학기술 정보 연구소(ISTIC)와 베이징대학교는 〈글로벌 AI 혁신 지수〉를 발표했다. AI 관련 연구개발, 산업응용, 국제 협력 등 다섯 항목을 기준으로 전 세계 46개국의 혁신 수준을 평가한 결과다. 2023년 1위는 미국으로 74.7점이며 2위 중국은 52.7점이다. 3위는 영국 37.9점인데 미국이나 중국에 비해 점수가 크게 낮다. 뒤를 이어 일본, 싱가포르, 한국이 위치한다.[9]

- 〈글로벌 AI 지표〉도 있다. 62개국을 143개 요소를 사용해서 평가하는 데 주요한 요소로는 투자, 데이터, 하드웨어, 연구개발, 인재, 채용, 인프라, 운용 환경, 정부 전략이 있다. 2023년 공개한 결과를 보면 1위는 미국이다. 중국은 2위에 위치한다.[10] 중국은 일부 요소에서는 미국을 앞선다. 정부 전략과 규제나 여론을 포함한 AI 운용 환경에서 중국은 미국보다 발전한 성과를 나타내고 있다. 인재는 미국이 더 많다. 미국의 AI 연구자는 중국보다 1.5배 더 많은데 특히 최고 수준의 AI 연구자는 중국보다 5배 더 많다. 중국의 AI 연구자는 미국보다 1.5배 더 많은 논문을 발표한다. 하지만 미국의 논문은 중국의 논문보다 평균 70퍼센트 더 많이 인용된다. 미국과 비교하면 중국의 AI 생태계는 질보다 양을 중시한다고 평가할 수 있다.

- 세계 각국의 AI 수준을 30개 요소로 평가한 보고서도 있다.[11]

요소에는 최고 수준의 AI 연구자 숫자, 연구의 피인용수, 인용된 특허 수, 연구개발 예산, AI 벤처, 벤처 캐피털, 반도체 공장을 포함한다. 2021년에는 1위 미국이다. 하지만 데이터와 응용에서는 중국이 1위로 미국을 앞선다.

- 〈글로벌 AI 인덱스〉는 AI 투자, 혁신, 실천을 측정하고 국가별로 순위를 발표한다.[12] 2024년 공개한 결과를 보면 미국은 투자, 혁신, 실천에서 모두 1위다. 2위 중국은 미국의 53퍼센트 수준이다. 뒤를 이어 싱가포르, 영국, 프랑스, 한국, 독일. 캐나다, 이스라엘이 위치한다.

퍼스트 그룹은 독과점을 노린다

폐쇄적인 생태계를 만든다

기업은 생존을 위해 독과점에 가까운 상태를 만들고 싶어 한다. 현실에서 완전한 독점은 불가능하지만 몇 개 기업이 퍼스트 그룹을 형성하고 시장을 장악하는 과점 상태는 빈번하게 발생한다. 과점 상태에서 경쟁하는 소수 기업은 어느 한 기업의 행동이 타사의 행동에 영향을 주기 쉽다. 서로 견제하면서 모두에게 불리해지는 행동은 하지 않는다.

퍼스트 그룹에 속한 기업은 암묵적으로 협력하고 적절한 수준에서 이익을 얻으려고 한다. 기업의 행동은 산업구조에 의해

AI 매니지먼트

정해지며 그 결과로 성과가 창출되는 사례는 시장의 변화가 적은 산업에서 주로 나타난다. 예를 들어 과점 상태를 형성하고 안정된 수익을 실현하는 맥주 산업이나 콜라 산업이 그러하다. 퍼스트 그룹은 표준특허에 더해 표준은 아니지만, 필수적인 특허와 노하우를 포함한 지식재산권을 활용해서 시장을 독과점하는 경쟁전략을 사용한다. 기업이 보유한 자원이 희소할수록 기업은 경쟁에서 우위를 차지한다. 경쟁기업이 자원을 모방하기 어렵고 대체하기 힘들수록 기업은 지속적인 경쟁 우위를 유지한다.

어느 기업이 퍼스트 그룹을 주도하고 시장을 지배하든 목표는 시장의 독과점이다. 이를 위해 폐쇄적인 생태계를 만든다. 자사를 중심으로 퍼스트 그룹을 만든 후에 그룹에 속한 기업끼리 파트너십을 맺고 협력한다. 진입장벽을 쌓아 경쟁자를 배제하면서 같은 그룹에 속한 기업들끼리만 시장에서 경쟁한다.

퍼스트 그룹은 카르텔이 아니다

기업이 혁신적인 기술을 개발하고 이를 이용해서 상품을 개발해서 시장을 독과점했다면 이런 현상은 불법이 아니다. 하지만 시장 독과점을 목적으로 같은 산업에 속한 기업들이 파트너십을 맺고 연합하면 이는 공정한 경쟁을 해치는 행동이다. 이런 불공정 연합을 카르텔이라고 한다. 미국은 여러 기업이 연합해서 시장을 독점하는 행동을 불법으로 본다. 빅테크가 상호 파트너십을 맺고 우월한 지위를 이용해서 경쟁자를 배제하고 시장을 독과점하면 새로운 혁신기업이 생기기 어렵기 때문이다.

퍼스트 그룹은 카르텔과 비슷한 점이 있다. AI 시장은 카르텔을 만들기 쉬운 환경이다. AI 모델이나 시스템을 개발하려면 강력한 컴퓨팅 능력, 막대한 투자 비용, 지속적인 데이터 공급, 최고 수준의 인재가 필요하다. 소수의 빅테크는 이런 요소를 선점했다. 빅테크는 보완 기업이나 경쟁기업과 파트너십을 맺고 자신이 주도하는 그룹으로 끌어들인다. 물론 시장의 독과점을 위해서다.

이런 이유로 미국은 빅테크에 대한 반독점 조사를 수시로 진행한다. 2023년에 주요한 빅테크는 모두 반독점 관련 조사를 받았다. 예를 들어 엔비디아는 AI 반도체를 누구한테 얼마나 공급하는지 공개하지 않는다. 하지만 각종 자료를 종합하면 미국의 빅테크에게 가장 많이 공급한다는 사실을 알 수 있다. 엔비디아가 시장의 80퍼센트를 차지한 시장에서 불공정 계약을 해도 공개적으로 불평을 말하는 기업은 없다.

오픈AI는 애플과 파트너십을 맺고 아이폰에 챗GPT를 탑재한다. 보통의 경우라면 애플이 오픈AI에 로열티를 지급해야 하는데, 실제로 애플은 오픈AI에 로열티를 지급하지 않는다. 애플은 오히려 오픈AI에서 로열티를 징수하려고 한다. 오픈AI가 아이폰을 통해서 많은 이용자를 확보하고 막대한 수익을 만들 수 있다고 여기기 때문이다. 이 계약이 계속 유지될지는 불분명하다. 과거에도 유사한 사례가 있기 때문이다. 2022년 구글은 아이폰에 구글의 검색엔진을 탑재하고 대가로 200억 달러를 지급했다. 이 계약은 미국 법원에서 반독점법 위반으로 유죄판결을 받았다.[13]

시장을 소수 기업이 독점하면 자유로운 경쟁이 불가능하며 결과적으로 소비자와 경제에 나쁜 영향을 준다. 그래서 국가는 소수 기업이 시장을 독점하지 못하도록 규제한다. 만약 퍼스트 그룹이 지식재산권이나 시장 지배력을 무기로 경쟁기업의 시장 진입을 배제한다면 이는 독점금지법에 저촉된다. 미국의 반트러스트법은 강력한 규제 수단이다.[14]

chapter 11

새로운 가치를
창조하라

인식:
인간의 불만에서 가치를 찾는다

자율의 첫 단계는 인식이다

AI는 인간처럼 자율을 지향한다. 자율은 인식, 판단, 행동의 연속이다. 자율에 초점을 맞추면 다양한 가치를 창조할 수 있다.

AI가 지향하는 자율의 첫 단계는 인식이다. AI로 새로운 가치를 창조하려는 경영자는 가장 먼저 AI가 상황을 어떻게 인식하는지에 주의를 기울여야 한다. 인식에서 가장 중요한 요소는 인간의 불만이다. 새로운 가치 창조의 출발점은 인간에게 있기 때문이다. AI는 인간의 불만에서 새로운 가치를 발견한다. 만약 새로운 가치를 사업모델로 연결할 수 있다면 인간이 느끼는 불만은 가치 창조의 어머니라 해도 좋다. 인간이 가진 불만을 없앨 수 있으면 좋은 사업이 된다.

상황 인식을 위해 AI는 음성 인식, 화상 인식, 영상 인식, 언어해석 등의 기술을 활용해서 대상물의 특징을 파악한다. 특징에 기반해서 AI는 상황을 인식하며 그 결과를 바탕으로 판단한다. 그러므로 인식이 변하면 전혀 다른 판단으로 이어진다. 상황을 정확하게 인식하기 위해 AI는 센서를 사용한다. 물리 센서로는 온도계, 압력계, 전압계, 속도계, 자이로 센서 등이 있고 소셜 센서로는 X, 페이스북, 틱톡 등이 있다.

인간의 불만을 인식한다

AI는 어떤 상황에서 어떤 불만을 인식할 수 있을까? 인간이 느끼는 불만은 몇 개의 패턴으로 분류할 수 있다.

▪ 인간에 대한 불만

인간은 다른 인간에게 불만을 느낀다. 만약 당신이 상품을 구매하러 어느 매장에 들어갔다고 생각해보자. 매장에 들어갔을 때 직원이 나를 대하는 태도에 불만을 느낀다. 직원이 나에게 말하는 언어에도 불만을 느낀다. 내가 매장에 들어가서 상품을 보다가 궁금한 게 있어서 직원에게 물어보려고 하는데 직원들은 나를 못 본 척하고 잡담하고 있다면 이런 상황에도 불만이 생긴다. 내가 물어본 내용에 직원이 지식이 없어 대답하지 못하거나 불성실하게 대답해도 불만이다. 무뚝뚝하게 대답하거나 나를 무시하는 태도를 보여도 불만이다. 이런 불만은 내가 구매하려고 생각한 상품과 직접적인 상관은 없다. 그런데도 인간에 불만을 느끼면 상품을 구매하지 않고 매장을 나온다.

- **상품에 대한 불만**

상품을 구매하고 집에 가서 살펴보니 색깔이 변했거나 유효기간이 지났다면 불만이 생긴다. 음식을 포장해서 집에 가서 먹어보니 기대했던 맛이 아니거나 이미 상했다면 불만이 크다. 상품을 대량으로 구매했는데 나중에 세어보니 수량이 모자라거나 파손된 상품이 있다면 불만이 생긴다.

- **환경에 대한 불만**

겨우 시간을 내어 매장을 찾아갔는데 위치가 나빠 접근하기 어렵거나 주차하기 어렵다면 불만이 생긴다. 실내가 너무 춥거나 너무 더우면 불만을 느낀다. 조명이 어두워 상품이 잘 보이지 않아도 불만이고 통로가 좁거나 더러워 이동하기 어려워도 불만이다. 화장실에 갔는데 너무 더럽다면 역시 불만이 생긴다. 영업을 시작하는 시간이 너무 늦거나 영업을 마치는 시간이 너무 빠르면 불만을 느낀다.

인간의 불만에 집중한다

"가격은 무조건 싼 게 좋아. 그렇다고 가격이 너무 싼 걸 바라지는 않아. 싼 게 비지떡이라고 하니까 하나를 사더라도 좋은 걸 사야 해, 가격이 좀 비싸도 할 수 없지."

인간은 모순되는 이야기를 쉽게 한다. 스스로 자신이 무엇을 원하는지 모르기 때문이다. 니즈는 하나가 아니다. 니즈는 꽃다발과 같다. 다양한 니즈가 모여 하나의 니즈를 만든다. 하나의 니즈는 자세히 보면 그 속에는 다양한 니즈가 섞여 있다. 그래서 인간의 니즈를 알기 어렵다.

흔히 니즈에 사업 기회가 있다고 말한다. 무엇을 원하는지만 알면 이에 맞추어 상품이나 서비스를 제공하면 된다는 논리다. 하지만, 새로운 사업모델을 모색하는 경영자는 인간의 불만에 집중해야 한다. 니즈에 비해 불만은 선명하다. 무엇이 불만인지 혹은 무엇이 불안한지 명확하게 알 수 있다. 예를 들어 "건강에 좋은 음식을 먹고 싶다"라는 니즈가 있다고 하자. 니즈를 해결하려면 신선한 재료를 사용해서 요리하면 된다. 신뢰할 수 있는 식당에 가서 식사해도 좋다. 집에서 내가 직접 요리해서 먹을 수도 있다.

기업 관점에서 보면 건강에 좋은 음식을 먹는 방법을 모르는 게 아니다. 어떤 음식이 건강에 좋은지도 알고 있다. 모르는 점은 딱 하나 있다. 바로 이 인간은 무엇을 원하는지 모른다. 일반적인 논리나 전체 고객을 하나로 보면 니즈는 알 수 있다. 하지만 단 한 사람의 니즈는 알기 어렵다. 니즈는 수시로 변하기 때문에 다른 인간은 어떻다는 이야기는 전혀 도움이 되지 않는다.

같은 상황에서 "이 음식은 먹기 싫다"라고 불만을 말하면 이해하기 쉽다. 왜 이 음식을 먹기 싫은지 이유를 추궁하면 된다. 만약 음식이 더럽다고 불만을 느낀다면 이는 불만이다. 불만은 니즈보다 상대적으로 해결하기 쉽다. 같은 상황에서 인간이 느끼는 불만은 편차가 적다. 도저히 먹지 못할 정도로 음식이 더럽다면 불만에서 분노로 변한다.

개인을 고객으로 대하는 사업이라면 인간의 약한 감정인 불만에서 기회를 발견할 수 있다. 불만을 없애는 체계적인 방법을 떠올렸다면 이는 사업모델로 표현할 수 있다. 기회를 찾으려면 인간이 불만을 느끼는 단계에서 찾아야 한다. 화를 내고 폭발하는 단계가 되면 오히려 기회를 찾기 어렵다. 불만은 인간이 느끼는 약한 감정이다. 불만이 폭발하면 분노나 공포처럼 강한 감정으로 변한다. 강한 감정을 해결하려면 사업이 아니라 사죄나 소송이 필요하다.

판단:
클레임 디자인으로 가치를 판단한다

AI를 활용해 고객의 행동을 판단한다

판단은 수치 예측이나 의도 예측처럼 미래를 일정한 확률로 예측하는 작업이다. 수요와 공급을 어떻게 매칭 하면 좋을지 판단하는 작업도 포함된다. 개인을 고객으로 대하는 사업에서 AI를 활용해서 고객의 행동을 판단하려면 참고할만한 모델이 있다. 과거에 많이 사용하던 모델은 1926년 등장한 AIDMA 모델이다. 고객은 주의(Attention), 흥미(Interest), 욕구(Desire), 기억(Memory), 행동(Action)의 흐름에 따라 행동한다는 모델이다. 특정 고객이 모델의 어느 단계에 있는지에 따라 기업은 그 고객과의 소통 방식을 다르게 한다. AIDMA 모델이 등장하고 100년이 지나 현대의 고객과는 다른 점이 있다. 인터넷의 등장으로 고객의 행동은 크게 변했다.

1901년 설립된 일본의 광고회사인 덴츠는 2007년 AISAS 모델을 주장했다. 고객이 주의(Attention), 흥미(Interest), 검색(Search), 행동(Action), 정보공유(Share)의 흐름을 따른다는 모델이다. 고객이 제품에 주의하고 흥미를 보이는 행동은 변함이 없다. 제품을 구매하기 전에 먼저 인터넷에서 관련 정보를 검색한다는 점이 다르다. 실제로 구매하기 전에 인터넷에서 그 제품에 대한 다양한 자료를 검색한다. 처음 구매하는 제품이라도 처음이라는 기분이 들지 않는다. 인터넷에서 검색한 후에야 비로소 제품을 구매하는 행동으로 이어진다. 구매한 후에는 자신의 경험담이나 사용 후기를 인터넷에 올린다. 인터넷에서 제품을 검색하고 구매하며 의견을 공유한다.

인간이 느끼는 불만을 어떻게 판단할까?

불만은 인간의 마음속에 있어 알아채기 어렵다. 불만을 겉으로 드러내지 않으면 표정을 보아도 확인하기 어렵다. 어떤 불만인지 판단하려면 직접 인터뷰하는 방법이 가장 쉽다. 하지만 본심을 말한다는 보장은 없다. 설문 조사도 많이 하고 매장에서 고객 행동을 관찰하는 방법도 있다. 많이 등장하는 불만이라면 미리 시나리오를 만들 수도 있다. 가장 체계적인 방법은 불만을 설계하는 방법이다.

- **인터뷰**

인간이 인간에게 인터뷰하거나 AI가 인간에게 인터뷰한다. 인간에게 무엇이 불만인지 물어보면 어떤 불만이 있는지 스스로는 알지 못하는 경우가 있다. 질문하고 대답을 들으면서 불만의 모습을 명확하게 만든다.

- **설문 조사**

주어진 질문에 인간이 답을 한다. 일반적으로는 하나의 질문에 대해 다섯 가지 대답 중에서 하나를 선택한다. 매우 좋다, 좋다, 보통이다, 불만이다. 매우 불만이라는 척도를 많이 사용한다. 보통이라고 대답하면 불만이라고 해석한다. 보통은 가치가 가장 낮다. 경쟁자와 비교했을 때 특징이 없기 때문이다. 매우 불만이거나 매우 만족을 느끼는 경우에 가치가 높다.

경영작가인 프레드 라이켈트는 순고객 추천지수(NPS)라는 개념을 제안했다.[1] 제품이나 서비스를 친한 친구에게 소개할 의향이 있냐고 물어본다. 추천하고 싶으면 10점을 주고 그럴 생각이 전혀 없으면 0점을 준다. 불만이 있는 고객은 0점에 가까운 점수를 준다. NPS는 고객의 답을 다시 계산한다. 10점이나 9점은 친구에게 추천한다는 대답이므로 플러스 1점으로 계산한다. 0점에서 6점까지는 추천하지 않겠다는 대답이므로 마이너스 1점으로 계산한다. 7점과 8점은 상황에 따라 달라질 수 있기 때문에 0점으로 계산한다. 설문 조사 결과를 계산한 결과가 마이너스면 고객은 불만이 많다.

■ **관찰**

인간의 행동을 관찰하는 주체는 인간이나 AI다. 불만은 인간의 마음속에 숨어 있지만 자신도 모르게 언어나 행동으로 드러난다. 고객의 언어와 행동을 계속 관찰하면 불만을 이해할 수 있다. 고객이 모르게 관찰해야 불만이 드러난다.

■ **시나리오**

같은 인간이 같은 상황에서 불만이 변할 수 있다. AI는 데이터를 학습해서 어떤 상황에서 어떤 불만이 생길 수 있는지 시나리오를 만들 수 있다. 시나리오는 상황과 불만으로 구성된다. 만약 즐겨 먹는 음식이 갑자기 대폭 가격이 올라가면 불만이 생긴다. 만약 백화점에서 조명이 너무 어둡다면 불만이 생긴다. 만약 네비게이션이 안내를 잘못하면 불만이 생긴다. 시나리오는 더욱 체계적으로 발전시킬 수 있다. 클레임 디자인이다.

클레임 디자인

불만을 예상하고, 설계하고, 확인하는 반복 작업을 클레임 디자인이라고 본서에서는 정의한다.[2] 클레임 디자인은 인간의 불만을 인식하고 불만에서 가치를 판단하는 작업이다. 클레임은 지금까지 인간의 마음속에 숨어 있던 불만이 겉으로 드러난 결과다. 제품이나 서비스 종류가 다양해지면 클레임도 다양해진다. 클레임에 관련된 데이터도 늘어난다.

제품과 서비스를 판매하는 과정에 클레임이 발생하면 기업 내부에서는 혼란이 일어난다. 제조부서는 설계부서를 비판하고 설계부서는 앞 공정을 담당했던 부서를 비판한다. 경영의 악순환이 발생한다. 클레임 디자인은 예상되는 클레임을 미리 설계하고 개선 방안을 미리 계획하기 때문에 경영의 선순환을 지원한다. 경영의 선순환은 경영자가 원하는 대로 업무가 진행하는 방식이다.

클레임 디자인은 미래에 언제 어디서 어떤 클레임이 걸릴지 모르는 상태에서 미리 클레임을 예상하고 대책을 마련한다. 클레임 대책은 명사와 숫자를 사용해서 구체적으로 계획한다. 사용상 주의사항을 적거나 경고문을 붙이는 방법도 미리 계획하고 법적으로 대응하는 절차도 미리 정해둔다. 만약 제거하지 못하는 불만이 있다면 제품 출시를 연기하거나 포기할 수도 있다. 아무리 작은 불만이라도 미래에 큰 사태로 발전할 가능성이 있기 때문이다. 클레임에 따라서는 단일 기업이 해결하기 어려운 경우도 있다. 이런 경우에는 협회나 단체에 속한 기업이 함께 클레임 디자인하거나 지역 연합회에 속한 다양한 업종의 기업이 함께 클레임 디자인하는 방법을 택한다.

인간이 느끼는 불만은 콘텐츠와 콘텍스트로 구분할 수 있다. 콘텐츠는 제품이나 서비스 자체를 말한다. 콘텐츠는 특정 인간만 다르게 생각하거나 엉뚱하게 받아들일 가능성이 작다. 콘텍스트는 모든 인간이 다르게 느낄 수 있다. 예를 들어 어느 식당에서 느끼는 분위기나 인상은 모두 다를 수 있다. 클레임 디자인에서 콘텐츠는 비교적 수월하게 예상하고 가치를 판단할 수 있다. 이에 비해 콘텐츠는 예상하기도 어렵고 가치를 판단하기도 어렵다.

클레임 디자인은 세 과정으로 구성된다.

- **예상한 클레임:** 제품이나 서비스를 출시하기 전에 미리 클레임을 예상한다.
- **설계한 클레임:** 예상된 클레임 중에서 빈번하게 발생하거나 사업에 중요한 영향을 주는 클레임을 선정한다. 어떤 클레임에는 어떻게 판단하고 어떻게 대응하라고 매뉴얼에 구체적으로 정다.
- **실제의 클레임:** 제품이나 서비스를 출시한 후에 실제로 발생한 클레임이다. 고객이 가진 불만이 겉으로 드러난다. 설계한 클레임이라면 이미 매뉴얼에 계획이 정해져 있어 그대로 대응

하면 된다. 설계한 클레임이 아니면 신속하게 대응 방식을 정한다. 다음번 클레임 디자인에서는 왜 설계 클레임에서 누락되었는지 원인을 추궁한다.

클레임 디자인을 전문으로 하는 사람을 스마트 클레이머라고 한다.[3] 스마트 클레이머는 기업의 제품이나 서비스에 대해서 한 발 앞서서 개선과 개혁의 견해를 제시한다. 클레임은 엉뚱해도 대책은 합리적이어야 한다. 그래야만 클레임 디자인을 할 수 있다.

스마트 클레이머는 체계적으로 양성할 수 있다. 사원과 고객을 포함해서 경제활동을 하는 모든 인간은 스마트 클레이머의 자격이 있다. 기업에서는 경영자에서 사원에 이르기까지 모든 구성원이 대상이 된다. 고객은 초등학생에서 노인까지 모두 대상이 된다.

스마트 클레이머는 공학, 심리학, 경영학, 법학, 의학 등 다양한 학문 분야를 융합한 실천적인 내용에 관심을 가지고 학습한다. 실제로 발생한 클레임 사례에 학습한 내용을 적용한다. 이를 위해 필요한 지식을 융합하는 능력이 필요하다. 예상되는 클레임을 지적하고 해결 방안을 모색하기 위해서 제품이나 서비스와 관련이 있는 지식을 찾아서 융합한다. 융합한 지식을 적절하게 표현하는 능력도 필요하다. 아무리 다양한 지식을 가지고 있다고 하여도 이를 클레임 디자인에 활용할 수 있도록 표현하지 못하면 의미가 없다.

3.

행동: 개인 맞춤으로
새로운 가치를 창조한다

불만에서 찾은 기회를 사업으로 연결한다

매우 만족한다고 해서 불만이 없다고 생각하면 안 된다. 불만은 인간의 마음속에 있으며 겉으로 잘 드러나지 않는다. 특정 상황에 대해서 매우 만족이라고 대답해도 마음속에는 불만이 있을 가능성이 크다. 인간의 불만을 완전히 없앨 수 있으면 사업 기회로 연결된다. 사업 기회라는 관점에서 생각하면 불만의 크기를 바꾸는 방법 역시 사업 기회가 된다. 불만의 크기에 상관없이 불만은 다른 단계로 이동할 수 있다. 예를 들어 매우 만족한 상황에서 약간의 부족함이 생기면 만족으로 이동할 수 있다. 이처럼 불만의 단계가 변하면 여기에 어울리는 사업 기회가 있다. 매우 만족에서 매우 불만으로 이동해도 사업 기회가 생긴다.

일반적으로 사업으로 연결하는 가장 쉬운 방법은 매우 불만에서 다른 단계로 이동하는 방법이다. 매우 불만에서 단번에 매우 만족으로 갈 수 있으면 사업을 독점하기 쉽다. 매우 만족은 경쟁자가 쉽게 모방하기 어렵다. 막대한 투자가 필요할 수도 있고 지금까지의 상식을 벗어날 수도 있기 때문이다.

사업은 인간의 마음에서 불만을 없애지만 반대로 없던 불만을 만들어도 사업 기회가 생긴다. 마트를 생각해보자. 만약 주차장이 부족하다면 고객은 불만을 느낀다. 주차장 시설을 다 없애면 매우 불만으로 변한다. 불만에서 매우 불만으로 변한다면 어떤 사업 기회가 생길까? 고객은 지하철역이나 버스 정류장에 내려 셔틀버스를 이용해서 단체로 마트로 이동한다. 주요 고객은 고객이 지정한 장소에서 마트까지 리무진으로 개별 이동한다. 단골과 일회성 고객에게 제공하는 교통 수단을 다르게 한다. 버스, 승용차, 리무진 등 이동 수단을 다르게 한다. 일회성 고객이라도 구매 액수가 크면 귀가할 때 리무진으로 이동한다. 반대로, 마트의 주차장을 대폭 늘린다면 이는 불만에서 만족으로 이동한다. 주차장이 넓으면 더 많은 고객이 오고 매출이 올라갈 수 있지만 막대한 투자가 필요하다. 주차장을 아예 없애든 주차장을 대폭 늘리든, 모든 고객이 만족하기는 어렵다.

마트 내부에 있는 식당도 고객 불만을 이동하면 새로운 사업 기회가 생긴다. 식당을 밀폐형으로 만들고 조명을 완전히 꺼서 컴컴하게 한다. 숟가락도 보이지 않고 그릇도 보이지 않으니 음식이 입으로 제대로 들어가는지도 모른다. 고객은 어둡다는 불만이 있지만 동시에 새로운 경험이라는 상품을 돈을 내고 구매할 수 있다. 마트 내부에 있는 화장실은 불만을 느끼지는 않더라도 매우 만족하기도 어렵다. 만약 몇 개 화장실은 내부를 화려하게 장식하고 이용료를 받는다면 새로운 상품이 될 수 있다.

차별화가 핵심이다

AI가 인간의 불만을 인식하고 가치를 판단한 후에 새로운 사업모델을 만든다면 이 사업모델의 가장 큰 특징은 무엇일까? 한마디로 하면 개인 맞춤이다. 개인 맞춤형 사업모델은 차별화가 핵심이다.

▪ 플러스 차별화

개인이 선호하는 가치를 플러스한다. 예를 들어 기존 제품에 가격은 그대로 유지하면서 새로운 기능을 추가한다. 식당에서 단골에게만 반찬을 더 많이 주고 디저트도 주면 플러스 차별화다. 고객은 풍성하게 더 많이 받는다는 기분이 든다.

기업이 사업 기회를 찾을 때는 보통 플러스 차별화에 주목해서 덧셈한다. 제품과 서비스에 이것도 더하고 저것도 더한다. 덧셈은 영역을 가리지 않는다. 덧셈이 많아질수록 획기적인 사업이라고 부른다. 새로운 사업이 등장할 때마다 점점 더 설명이 길어진다. 덧셈은 간단하지 않다. 경쟁자가 아직 실행하지 않은 덧셈을 하려면 발명에 가까운 창의가 필요하다. 어렵게 나온 창의가 반드시 사업으로 연결되지는 않는다. 설사 사업으로 연결된다고 하여도 팔린다는 보장은 없다. 이런 상황에서 기업은 쉬운 덧셈을 택한다. 경쟁자가 이미 실행하여 성공한 덧셈을 그대로 모방하는 방식이다. 차별화를 명분으로 여기에 작은 덧셈을 하나 덧붙인다. 모방과 작은 덧셈으로 인해 시간이 지나면 비슷한 사업이 넘쳐난다.

기능을 더한다: 이것도 가능하고 저것도 가능하다.

옵션을 더한다: 이렇게도 할 수 있고 저렇게도 할 수 있다.

종류를 더한다: 이것도 있고 저것도 있다.

비교를 더한다: 이것을 더 많이 하고, 저것을 더 크게 하고, 그것을 더 오래 한다.

순서를 더한다: 세계 최초, 국내 최초, 업계 최초를 강조한다.

기술을 더한다: 세상에 알려진 기술을 더한 후에는 새로운 기술을 찾는다. 최근에는 로봇, 블록체인, 사물 인터넷을 더하는 게 유행이다.

- **마이너스 차별화**

  가격을 내리면서 일부 기능을 제외한다. 제품의 핵심 기능만 남기고 크게 중요하지 않은 기능은 과감하게 제외한다. 고객이 중요하게 생각하는 핵심은 오히려 강화한다. 시장이 성숙해지고 경쟁자가 많이 등장해도 사용할 수 있는 전략이다. 식당에서는 반찬 종류를 줄이면서 인기 있는 반찬을 더 제공한다. 고객은 저렴한 가격에 핵심 기능이 풍부하다는 느낌으로 전문성을 높이 평가한다. 고객은 불만을 없애는 뺄셈을 좋아한다. 불만을 없애고 상황을 바꿀 수 있으면 제품을 구매한다. 더 많은 뺄셈에 성공한 제품일수록 더 많은 고객이 구입한다.

- **슈퍼 차별화**

  플러스 기능은 더욱 강화해서 슈퍼 플러스로 가고 마이너스 기능은 더욱 제외해서 슈퍼 마이너스로 가는 전략이다. 식당 면적이 좁으면 아예 의자를 다 없애고 서서 먹게 하는 식이다.

개인 맞춤으로 모두 다르다

똑같은 상황에서 개인이 느끼는 불만은 모두 다르다. 개인 맞춤형은 모든 개인에게 서로 다른 행동을 한다. 예를 들어 다음과 같은 항목을 개인마다 다르게 설정한다. 각 항목에 있는 '더'

가 구체적으로 얼마인지는 개인마다 다르다.

시간은 더 빨리, 더 늦게. 수량은 더 많이, 더 적게. 높이는 더 높게, 더 낮게. 깊이는 더 깊게, 더 얕게. 크기는 더 크게, 더 작게. 면적은 더 넓게, 더 좁게. 강도는 더 세게, 더 약하게. 굵기는 더 굵게, 더 가늘게. 길이는 더 길게, 더 짧게. 무게는 더 무겁게, 더 가볍게. 조도는 더 밝게, 더 어둡게. 기온은 더 높게, 더 낮게. 인원은 더 많게, 더 적게. 가격은 더 높게, 더 낮게. 소리는 더 크게, 더 작게. 진동은 더 많게, 더 적게.

개인 맞춤형으로 설정하기 어려운 항목도 있다. 측정하기 어렵고 숫자로 표현하기 어려우며 단위도 없는 항목이다. 이런 경우에는 맥락이 중요하다.

분위기는 더 밝게, 더 어둡게. 환경은 더 가볍게, 더 무겁게. 소통은 더 가깝게, 더 멀게. 강요는 더 강하게, 더 약하게. 관계는 더 가깝게, 더 멀게. 기분은 더 좋게, 더 나쁘게. 요구는 더 강하게, 더 약하게. 느낌은 더 좋게, 더 나쁘게.

개인 맞춤으로 모든 고객에게 다른 경험을 제공하는 사례는 이미 다양한 산업에서 등장하고 있다. 예를 들어 바이크가 인간 라이더와 소통한다. 시속 300킬로미터로 달리는 바이크는 기계이지만 인간 라이더에게 친구와 같다. 바이크에 탑재된 AI는 라이더의 데이터를 학습하고 라이더와 친구처럼 대화한다. 라이더는 바이크를 마치 친구나 연인처럼 대한다.

지금까지 바이크 제조사는 소음, 진동, 재료 강도, 모터 회전수와 같은 지표를 사용해서 바이크의 특징을 표현했다. 하지만 바이크를 좋아하는 인간 라이더는 과거에도 바이크가 성격이 급하다거나 유순하다는 식으로 바이크의 특징을 말했다. AI를 활용해서 개인 맞춤형으로 대화할 수 있으면 바이크와 인간 라이더는 더욱 자연스럽게 대화한다.

고객의 역할을 구분한다

AI를 활용해서 개인 고객에게 새로운 가치를 창조하려면 고객의 역할도 매우 중요하다. 기업은 끊임없이 제품과 서비스를 창조해 고객에게 제안한다. 고객은 기업이 제안한 가치를 경험하고 고객끼리 공유하면서 전혀 새로운 가치를 창조해서 기업에 역으로 제안한다. 과거에는 기업이 상상조차 하지 못했던 가치 창조 방식이다.

기업이 고객과 함께 가치를 창조하려면 주의할 점이 있다. 고객은 약이면서 동시에 독이라는 사실이다. 가장 효과적인 약은 가장 강력한 독이다. 강한 독일수록 약간만 처방을 잘못해도 치

사랑이 된다. 기업이 고객을 어떻게 대하는지에 따라 고객은 기업을 살리기도 하고 죽이기도 한다. 고객을 약으로 쓸지 독으로 쓸지는 기업에 달려있다. 고객은 기업이 잘하면 칭찬하고.잘못하면 야단치면서 성장한다. 기업은 고객이 고마우면 감사하고 잘못하면 지적하면서 성장한다. 서로 신뢰하지 않으면 할 수 없는 성장이다.

- **미객(未客):** 미객은 아직 고객이 아니다. 영원히 고객이 아닐 수도 있다. 미래에 고객이 될 가능성이 있으면 잠재 고객이다. 잠재 고객은 우리 고객도 아니지만, 경쟁사 고객도 아니다. 예를 들어 게임을 전혀 하지 않는 사람은 게임업계의 미객이다. 기업과 제품에 아무런 관심도 없고 사용하지도 않는 미객을 일단 우리 업계로 끌어들여야 한다. 이 과정은 타 업계와의 경쟁이다. 우리 업계에 아직 고객이 아닌 미객을 우리 업계로 끌어들여 고객으로 만들어야 한다. 가장 먼저 미객의 관심을 끌어야 한다.

- **집객(集客):** 고객을 모으기 위해 기업이 고객에게 손짓하는 단계다. 기업은 일방적으로 고객에게 가치를 제안한다. 기업의 손짓에 고객이 반응하고 모여들도록 기업은 끊임없이 고객에게 흥미와 호기심을 제공한다. 경쟁사보다 가격이 싸거나 배송 속도가 빠르다는 점을 강조한다. 업계 내부에서 일어나는

경쟁이다. 기술도 집객에 중요한 역할을 한다. AI는 유명한 기술이며 고객을 모으는 데 크게 공헌한다. 파괴적 혁신을 일으키는 기술일수록 지금 당장은 용도가 거의 없다. 미래에 가서야 시장이 확장되고 상식이 된다. 그럼에도 최신 기술을 언론에 소개하고 자료를 공개하는 이유는 집객을 위해서다.

- **접객(接客):** 불러 모은 고객을 대접하는 행동이다. 고객에게 재미와 경험을 제공한다. 접객의 출발점은 고객을 이해하는 작업이다. 기업은 고객이 가진 불을 제거하려고 노력하면서 고객에게 일방적으로 가치를 제공하면 기업 내부의 경쟁이 된다. 기업은 제품과 서비스를 판매해서 수익을 올리고 고객은 제품과 서비스를 실제로 사용해서 삶의 질을 향상시킨다. 집객이 기업의 논리라면 접객은 고객의 논리가 통하는 단계다. 기업이 집객과 접객에 모두 성공하기는 어렵다. 소문난 잔치에 먹을 것 없다는 말처럼 집객에 성공하더라도 접객에 실패하기 쉽다. 집객은 고객의 노력으로 이룰 수 있지만 접객은 고객의 적극적인 참여가 없으면 이룰 수 없다.

- **직객(職客):** 기업에서 해야 할 일을 홍보대사, 팬클럽, 커뮤니티라는 명목으로 고객이 스스로 실행한다. 기업과 고객은 서로를 신뢰하며 함께 가치를 만들어 간다. 고객은 마치 기업의 직책을 가지고 움직이는 듯이 보이지만 이는 기업이 요청해

서가 아니다. 명분이 있으면 고객은 자발적으로 직책을 수행한다. 고객과 기업의 구분이 애매해진다. 기업이 어떤 제품을 왜 개발해야 하는지 근본적인 고민을 고객이 함께한다. 고객은 열정적으로 다른 고객에게 제품을 소개하며 다른 고객을 끌어온다. 기업과 고객은 서로 신뢰하며 때로는 주객이 전도된 행동을 하기도 한다. 고객은 기업에 가장 강력한 약이면서 동시에 가장 강력한 독이 되는 단계다. 누가 더 기업을 위하는지 고객끼리 경쟁한다. 고객과 함께 가치를 창조한다.

chapter 12

．
．
．

AI 기술 관리에
주의한다

．
．
．

AI는 이중 용도 기술이라는 사실을 명심한다

이중 용도 기술이란 무엇인가?

"AI가 두렵다."

AI 기술을 주도하고 있는 오픈AI의 CEO인 샘 울트먼조차 AI의 위협을 심각하게 받아들인다.[1]

"AI가 핵탄두보다 훨씬 위험하다."

테슬러의 CEO인 일론 머스크 역시 AI의 위협을 경고한다.[2] AI 기술과 시장을 장악하고 AI 생태계를 주도하는 국가는 핵무기를 보유한 국가와 같은 존재감을 가진다는 경도다.

많은 경영자는 AI의 위협을 심각하게 여긴다. 동시에 AI에서

AI 매니지먼트

미래의 사업 기회를 찾으려고 한다. 이처럼 이율배반적인 태도는 AI가 대표적인 이중 용도 기술이기 때문이다.

경영자 외에도 AI의 위협을 걱정하는 목소리는 많다.

"AI가 핵전쟁 위험을 높이면서 인류를 칼날 위에 몰아넣었다."

유엔의 안토니우 구테흐스 사무총장은 AI의 위협을 강도 높게 경고한다.[3] AI를 사용해서 핵무기를 관리하면 언제든지 상황 판단이 어긋나서 의도치 않게 핵무기를 사용할 수 있다고 본다. 이에 따라 유엔은 AI 무기가 AI 알고리즘을 이용해서 인간을 죽이는 결정을 내리면 안 된다고 경고한다.[4] 물론 유엔 결의안에는 구속력이 없다. 실질적인 효과는 기대하기 어렵지만 그만큼 상황이 엄중하다는 현실을 드러낸다. 국제 사회가 협력하지 않으면 AI의 위협을 해결하기 어렵다.

실제로 AI는 인간을 죽이는 방법도 바꾸었다. 2020년 테헤란에서 승용차를 운전하던 이란의 핵과학자 모흐센 파크리자데는 차를 돌리려고 잠시 멈추었다. 마침 주변에는 트럭이 주차하고 있었다. 트럭에 숨겨진 카메라는 인간 얼굴을 인식하고 운전자가 파크리자데라는 사실을 1,000킬로미터 이상 떨어진 인간에게 알렸다. 인간이 공격을 허가하니 트럭에 숨겨진 AI 로봇 기관총이 인간을 향해 발사했다. 암살에 성공한 후에 트럭은 자폭해서 증거를 숨겼다. 이스라엘이 AI 무기를 사용해서 과학자를 암살한 사건이다. AI가 인간의 일상생활만이 아니라 인간을 암살하는 방법까지 바꾸는 시대가 되었다.

AI는 군사용과 민간용으로 모두 사용할 수 있는 대표적인 이중 용도 기술이다. 이중 용도가 가능한 기술은 미래의 국제질서에 큰 영향을 주기 때문에 대부분 국가는 기술 이전에 매우 민감하다.

많은 기업에서 민간용 상품과 군사용 무기를 함께 개발한다. 과거에는 군수 기업이 무기를 개발해서 국가에 판매했다. 지금은 민간용 상품을 판매하는 기업이 동시에 군사용 무기를 판매한다. 군사용 기술을 민간용으로 이용하기도 한다. 민간용 기술은 민간만 사용하고 군사용 기술은 군대만 사용하는 시대가 아니다. 이중 용도 기술은 민간도 사용하고 군대도 사용한다. 군사용 기술과 민간용 기술의 경계선은 명확하지 않다. 대학의 기초 연구가 군사용으로 사용될 수 있다. 기업과 대학이 산학협력으로 개발하는 소재와 부품은 무기에도 사용된다.

이중 용도 기술은 기업에 매출 기회를 늘려준다. 예를 들어 스페이스X는 자사의 로켓으로 달 탐사에 필요한 군사 물자를 수송한다. 기업의 대형 로켓을 군사용으로 이용하면 발사 가격이 낮아지니 주문이 밀리고 큰 시장으로 이어진다. 로켓만이 아니다. 2019년 마이크로소프트는 미국 국방부와 10년간 100억 달러 규모의 클라우드 컴퓨팅 계약을 체결했다. 입찰에는 구글, IBM, 오라클, 아마존 등 빅테크가 모두 참가했을 정도로 큰 시장을 기대하는 계약이다.[5] 이외에도 아마존은 미국 중앙 정보국을 포함한 정부 기관과 계약하고 있다. 이처럼 빅테크는 대부분 민간 시장에서 성장해서 군사 시장으로 진입한다. 빅테크가 기술을 군사용으로 사용한다며 반발하는 사례도 있지만 경영자로서는 군사 시장에도 관심을 가질 수밖에 없다.

기술 수출 통제

미국은 아직 기술 우위에 있으며 유리한 입장이다. 하지만 중국의 기술 진화 속도가 매우 빠르기 때문에 미국은 중국을 글로벌 공급망에서 배제하고 기술 혁신 속도를 늦추는 디커플링 정책을 추진하고 있다. 구체적인 정책으로 2018년 미국은 〈수출통제개혁법〉을 제정했다.[6] 신흥기술과 기반 기술을 수출통제 대상에 포함하고, 기술 이전을 강하게 통제한다는 내용이다. 수출통제 정책의 목적은 미국의 국가 안보와 경제를 보호하기 위해서다. 군사력의 우위 확보, 방위산업 기반 강화, 인권 및 민주주의 증진까지 목적을 확대한다. 미국 정부는 대상이 되는 기술 목록에 다음과 같은 기술을 포함했다.

AI 및 기계학습 기술, 양자 컴퓨팅 및 양자 정보 과학, 로봇공학, 생명공학 및 생물학적 제조 기술, 3D 프린팅, 첨단 소재, 첨단 반도체 및 마이크로 전자기술, 위성 및 항공우주 기술, 사이버 보안 및 네트워크 기술, 자율 시스템, 에너지 저장 기술인 첨단 배터리 및 연료 기술, 광학 및 센서 기술.

이런 기술은 수출통제 대상이므로 외국으로 수출하거나 이전하려면 미국 정부의 허가를 받아야 한다. 기술 목록은 기술 진화와 국가 안보 위험 평가에 따라 갱신된다.

미국이 우려하듯이 신흥기술과 기반 기술이 군사용으로 사용되면 안보에 변화를 줄 수 있다. 하지만 기술의 유무만으로 기술 패권이 결정되지는 않는다. 기술을 제품으로 실용화하는 과정에서 죽음의 계곡을 넘어서야 한다. 제품으로 개발하더라도 민간용이나 군사용으로 널리 사용되려면 다윈의 바다를 건너야 한다. 현재 시점에서 미국과 중국이 어느 기술에서 얼마나 우위에 있는지는 중요하다. 하지만 기술이 제품이 되고 제품이 시장을 확대해서 세상을 바꾸려면 민간용이든 군사용이든 시장까지 이어지는 경주에서 이겨야 한다.

현재 신흥기술이라고 불리는 기술은 아직 실용화되어 시장을 확대하는 단계에는 도달하지 않았다. 그래서 신흥기술이라고 부른다. 신흥기술은 대부분 기업에서 민간용으로 개발한 범용 기술이다. 기술의 특정한 기능만 보고 이 기술이 군사용 기술인지 민간용 기술인지 구분하기는 어렵다. 군사용으로 사용할 수 있는 이중 용도 기술을 보유한 기업은 체계적으로 기술을 관리해야 한다. 대부분 기술은 이중 용도이며 글로벌 공급망을 통해 수출과 수입이 가능하다. 지금까지 대량파괴 무기에 사용되는 기술은 군사용 기술과 민간용 기술이 명확하게 구분되었기 때문에 기술 관리에 어려움이 적었다.

신흥기술이 어떤 형태로 군사용으로 사용되어 미래 안보에 영향을 줄지는 명확하지 않다. 신흥기술을 대량파괴 무기처럼 명확하게 구분하기는 어렵다. 국가 안보를 위한다는 명분으로 기술 관리를 강화해서 기업의 사업을 방해하면 곤란하다. 신흥기술은 한 국가의 능력만으로 개발하기는 어렵다. 기업에서 기술 관리에 힘을 써도 글로벌 공급망을 관리하고 개발자의 이직을 통제하기는 어렵다. 중국처럼 사회주의 경제체제를 운용하면 기술 관리가 상대적으로 쉽다.

미국이 수출통제를 강화하면 미국의 통상이익이 줄어들 가능성이 크다. 중국이나 유럽연합 역시 비슷한 법을 제정하고 미국의 수출통제개혁법에 대응하기 때문이다. 유럽연합은 기술 이전 통제를 강화하고 수출 허가 절차를 개선했다.

중국은 미국에 똑같이 대응한다. 〈수출통제법〉을 역외 적용하여 미국의 수출통제 조치에 보복할 수 있는 근거를 만들었다. 기술은 국가이익의 원동력이며 패권을 차지하기 위한 정치적인 수단이다. 미국과 중국이 벌이는 패권 경쟁의 가장 핵심적인 부분은 기술 전쟁이다.

기술 관리

기술을 관리하고 기술 유출을 방지하기 위해 미국을 중심으로 하는 15개 국가는 1949년 대공산권 수출 통제 위원회(COCOM)을 만들었다. 여기서 규제한 대표적인 사례는 1987년 일본 도시바 기계다. 이 기업은 자사가 제조한 선박 프로펠러 제작용 기계인 9축 제어 NC 선반과 소프트웨어를 수출했다. 통제 품목인데도 불구하고 수출하기 전에 승인받지 않았다는 이유로 적발되었다. 이 기계를 이용해서 소련은 원자력 잠수함의 소음을 줄이는 기술을 개발했다. 미국은 도시바그룹의 대미 수출을 금지했다. 일본 총리인 나카소네 야스히로는 미국에 공개 사과했다. 관계자는 유지 판결을 받았다.

이처럼 코콤은 공산국가에 대한 수출 통제 기구로 활용되어 서방국가의 군사 우위 확보에 공헌했다. 코콤은 군사용으로 이용될 수 있는 기술을 선정해서 공산권 수출을 금지했다. 냉전 시대가 끝나고 코콤은 작동하지 않다가 1980년대에 다시 강화되었다. 미국 로널드 레이건 대통령 시대다. 한국은 1980년대 소련과 중국과 수교하면서 반도체와 컴퓨터를 포함한 첨단 기술과 제품의 수출 지역이 늘어나자 코콤의 영향을 받았다.

냉전 시대가 저물면서 1994년 코콤은 해체되고 1996년 바세나르 협정으로 대체됐다.[7] 내용은 비슷하다. 이란과 북한을 포함해서 세계 평화에 위협이 될 수 있는 국가에 무기와 기술 수

AI 매니지먼트

출을 금지하는 목적이다. 코콤과는 달리 공산국가라는 표현은 사라졌다. 코콤 참여 국가에 더해 바르샤바조약기구 국가도 참여했다. 2019년 일본이 한국에 반도체 소재 수출을 규제했을 때 한국은 바세나르 협정에 위배된다고 주장했다. 바세나르 협정만이 아니라 앞으로는 미국을 중심으로 중국을 콕 찍어 겨냥하는 기술 수출 규제가 생길 수 있다.

디커플링

2021년 미국 바이든 대통령은 반도체 자립을 선언하며 중국을 제재했다. 2022년 엔비디아와 AMD 등 미국 기업의 첨단 AI 반도체에 대해 중국 수출을 금지했다. 중국 첨단산업에 대한 미국 기업의 투자도 금지했다. 미국이 중국에 첨단 AI 반도체 판매를 금지하면서 미국 빅테크가 주도하는 AI 생태계서 중국이 분리되고 있다. 그 결과 중국의 AI 기술 진화가 늦어지고 있다.[8] 미국과 중국의 AI 기술 수준 차이는 2년 이상으로 점점 벌어지고 있다. AI를 개발하기 위해선 미국 AI 반도체에 의존할 수밖에 없다는 게 중국의 가장 큰 취약점이다.

미국과 중국은 상대국의 기술 진화와 혁신을 제지하기 위해 글로벌 공급망을 진영에 따라 분리하는 디커플링을 진행하고 있다. 미국과 중국은 각각 자국을 중심으로 하는 진영 내부에 글로벌 공급망을 완성하려고 한다. 앞으로 디커플링이 완성되면 지금까지 경제 발전의 근간이 되던 글로벌 분업과 자유 무역은 사라진다. 세계는 미국과 중국을 중심으로 우리 세계와 너희 세계로 분리된다. 해저 케이블 네트워크도 분리되고 인터넷도 분리된다.

디커플링은 정치적인 배경에서 시작된 전략이다. 모든 국가가 자국의 이익을 우선으로 하는 시대에 나온 전략이다. 그렇다면 어느 날 갑자기 정반대로 뒤집어질 수도 있다. 미국과 중국이 명시적인 AI 퍼스트 그룹을 형성하고 추격자를 규제할 가능성도 있다.[9]

데이터 주권을 확보하라

개인의 데이터 주권

원론적으로 말하면 나는 나의 데이터를 공개할지 스스로 정할 수 있는 권리가 있어야 한다. 이를 데이터 주권[10]이라고 한다. 현실은 다르다. 내가 생성한 데이터라도 공유할지 보호할지 내가 마음대로 정할 수 없다.

저작권을 공유해야 시장이 확장된다는 주장이 있는가 하면 저작권을 보호해야 창작자를 살린다는 주장이 있듯이 데이터 사용에도 찬반양론이 대립한다. 내가 생성한 데이터를 제3자가 상업적으로 이용할 수 있는지 일일이 정하기 어렵다. 내 데이터가 외부로 흘러가도 나는 모른다. 나의 데이터를 제공하는 문제와 더불어 나의 데이터를 내가 삭제할 수 있어야 한다는 문제도 있다. 내 데이터는 잊어달라고 요구하는 권리다. 내가 원한다면 나의 데이터를 내가 삭제할 수 있어야 한다. 데이터 공유와 삭제는 동전의 양면과 같다.

데이터 최소화는 개인정보 수집이 특정 업무를 완수하기 위해 꼭 필요한 수준으로 엄격하게 제한해야 하며 업무 완수한 후에는 해당 데이터는 삭제되어야 한다는 원칙이다. 이 규정은 데이터가 많을수록 유리한 생성형 AI 모델 구축에 장애물이다. 하지만 가명화와 익명화 방식을 이용하면 데이터 최소화는 생성형 AI 모델과 양립할 수 있다. 가명화 프로세스는 데이터 주체를 가명으로 바꾼다. 가명화로 개인정보 보호 리스크를 줄일 수 있지만 완전히 없앨 수는 없다. 익명화는 데이터 주체를 삭제해 개인정보에서 개인을 삭제한다. 이 방식을 활용하면 데이터의 양을 유지할 수 있다. 완전한 익명화는 어렵다. 기업은 가명화와 익명화가 필요한 데이터를 평가하고 그 이유와 절차를 규제 당국에 설명해야 한다.

국가의 데이터 주권

러시아가 침공할 징후가 보이자 우크라이나는 인구 데이터,

토지 및 부동산 데이터, 세금 데이터, 교육 데이터 등 거의 모든 데이터를 클라우드 플랫폼으로 이전했다. 러시아의 폭격으로 자국 내 데이터센터가 파괴되어도 데이터만 있으면 얼마든지 정부 기능을 발휘할 수 있다. 클라우드 플랫폼이 데이터 저장, 관리, 분석을 위한 인프라로 작동하면서 모든 기업과 모든 국가는 데이터에 집중하고 있다. 데이터 주권을 지키려면 전쟁과 테러에서 데이터센터를 보호하고 사이버 보안을 보장하는 등 많은 과제를 해결해야 한다.

자국에서 수집하거나 생성한 데이터는 자국 영토 내에서 저장하도록 의무화하는 국가가 늘어나고 있다. 데이터가 국경을 넘지 못하게 규제를 강화하는 데이터 현지화는 중요한 정책이다. 각국에서 국가 안보를 명분으로 데이터를 규제하면 다국적 기업은 데이터 현지화 문제를 쉽게 해결하기 어렵다. 모든 국가는 규제의 내용도 다르기 때문에 국가와 지역에 따라 데이터 규제에 대응해야 한다. 미국과 유럽연합은 대서양을 횡단하는 데이터에 대해서 공통의 규제를 만들려고 했지만 유럽 사법 재판소에 의해 무산되었다. 미국과 영국은 양자 협정을 맺고 동일한 규제를 적용한다.

지역을 강조하는 데이터 현지화만이 아니라 데이터 거버넌스까지 문제의 범위는 확대되고 있다. 예를 들어 네덜란드의 트레이드 뱅크(ATB) 사례가 있다. 러시아 알파뱅크의 자회사인 ATB는 러시아 지분이 42퍼센트라는 이유로 2022년 미국의 제재 대

상이 되었다. ATB가 보유한 데이터는 유럽에 있지만 데이터를
보관한 클라우드 플랫폼은 미국 기업이 운영한다. 미국 기업이
운용한다는 이유로 미국은 ATB의 이메일 계정과 데이터에 대
한 접근을 차단했다. 이런 문제가 생기자 일부 국가에서는 데이
터 현지화와 함께 클라우드 서비스 운영도 현지 기업이어야 한
다고 규제한다.

이런 규제에 대응하기 위해 클라우드 서비스 기업은 클라우
드 시스템을 고객이 직접 관리할 수 있도록 온프레미스 시스템
으로 이동한다. 온프레미스 시스템이 되면 고객은 클라우드 서
비스를 내부의 데이터센터에서 운영할 수 있다. 현지에서 생성
된 데이터를 온프레미스 시스템으로 관리하거나 국가를 벗어
나지 않도록 하는 방법이 많이 사용된다. 내부 데이터 센터에서
데이터를 활용하면 클라우드 서비스보다 비용이 더 많이 들며
문제가 복잡해진다.

AI 경영은 3차원 전략이다

지금까지 기술 전쟁은 모두 세 번 일어났다.[11] 1차 기술 전쟁
은 1960년대에 자동차 산업에서 엔진 개발을 둘러싼 전쟁이었
다. 당시에 처음으로 국경을 넘어 기업들이 연합하면서 기술 개
발 경쟁을 벌였기 때문에 기술 전쟁이라는 용어가 등장했다. 1차

기술 전쟁은 1990년대 반도체 산업에서 일어났다. 당시에 일본은 경제력에서 미국을 추월할 기세로 급성장했다. 미국은 경제를 명분으로 일본을 규제했다. 일본 엔화 가치가 급상승하고 반도체 산업은 소멸했다. 일본은 그 여파로 잃어버린 20년을 보냈다. 3차 기술 전쟁은 2020년 안보를 명분으로 일어났다. 미국은 중국이 패권에 도전한다고 여기고 중국을 글로벌 공급망에서 분리하려고 시도했다. 미국은 안보 동맹을 맺은 30여 국가를 중심으로 진영을 만들어 중국을 규제한다. 중국은 자국과의 무역 거래액이 1위인 100여 개 국가를 중심으로 진영을 만들어 미국에 대항하려고 한다.

기술 전쟁이 진행되어 온 과정을 뒤돌아보면 전쟁의 명분은 기술, 경제, 안보로 점차 확대되었다. 특히 안보라는 명분이 등장하면서 기술 전쟁은 더 이상 특정한 기술만의 문제가 아니게 되었다. AI라는 핵심 기술을 중심에 두고 반도체, 자율 주행차, 배터리, 양자 컴퓨터, 인공위성 등이 얽혀 있다. 여기에 경제가 더해지는 복합적인 문제로 확장되었다. 기술, 경제, 안보는 서로 분리할 수 없는 주제가 되었다. 어느 하나만 하고 싶다고 할 수 있는 시대가 아니다.

이런 이유로 AI 경영은 기술, 경제, 안보의 3차원 전략일 수밖에 없다. 3차원을 동시에 겨냥해서 경영 전략을 세워야 한다. 기술 차원에서는 자율과 지식재산 패키지를 중심에 둔다. 경제 차원에서는 개인 맞춤과 예측에 기반해서 고객과 함께 가치를 창조한다. 안보 차원에서는 미국이 주도하는 디커플링이 글로벌 공급망 분리에 미치는 영향을 흡수해야 한다.

경영자는 3차원 전략의 원점에 위치한다. 각 차원은 담당자가 부분 최적화를 이루려고 하지만 3차원을 통합한 전체 최적화는 경영자의 책임으로 설계해야 한다. 경영자는 AI 경영의 가장 앞에 서서 가장 먼저 미래를 바라보고 경영의 속도와 방향을 결정해야 한다. 어느 때보다 경영자의 지혜가 필요한 시대다.

AI를 활용해 고객과 함께
새로운 가치를 만들어가는 전략

하루가 멀다고 최신 AI 사례가 톱뉴스로 등장한다. 세상이 급변하는 현실을 모를 리 없는 경영자는 내심 초조하다. AI가 새로운 사업 기회로 이어질 수 있다는 기대감이 크지만 동시에 AI로 인해 기업이 사라질 수 있다는 두려움도 크다. AI를 활용해서 당장 무엇이라도 하고 싶지만 무엇을 어떻게 시작해야 할지 몰라 난감하다. 이런 경영자에게 필요한 덕목 중의 하나는 조감 능력이다. 경영자는 AI가 가져오는 변화의 전체 모습을 이해할 수 있어야 한다. 나뭇잎과 같은 최신 사례에 흔들리지 않고 가지가 뻗어가는 방향을 보고 줄기가 얼마나 튼튼한지 보아야 한다. 뿌리가 땅속에 얼마나 깊이 뻗어 있는지 머릿속에 그려야 한다.

AI는 기업 사회를 크게 변화시키겠지만 미래는 아무도 모른다. 가까운 미래는 현재에서 어느 정도 연속으로 이어질 수 있지만 불연속으로 변화하는 미래는 예상하기 어렵다. 경영자는 경영자의 관점에서 불연속 변화에 대응하는 전략을 세워야 한다.

AI 경영은 지금 즉시 시작할 수 있는 전략이다. AI 경영이란 기업의 모든 영역에 AI를 활용해서 고객과 함께 새로운 가치를 만들어가는 전략을 말한다. 새로운 가치는 AI를 활용한 제품과 서비스로 인해 매출이 증가했다거나 혹은 AI를 활용한 방법으로 원가를 절감했다는 식으로 눈에 드러나기 마련이다. AI 경영을 도입할 수 있는 기업은 제한이 없다. 어떤 산업에 속하든 어떤 업무를 하든 AI 경영이 가능하다.

AI 경영을 도입하려면 준비물이 필요하다. 고도의 지식이 필요한 업무에 실수가 없도록 수준 높은 AI 기술이 필요하다. 기술은 내부에서 개발하거나 혹은 외부 기업의 기술을 도입할 수 있다. AI 모델을 학습시키기 위한 데이터도 확보해야 한다. 오랜 역사를 가진 기업도 디지털 데이터를 충분히 보유한 곳은 드물다. 디지털 전환을 통해 데이터를 확보하는 체계를 갖추어야 한다. 필요한 순간에 원하는 답을 얻을 수 있도록 컴퓨팅 자원도 마련해야 한다. 클라우드 컴퓨팅을 사용하면 쉽게 시작할 수 있지만 외부 환경에 종속된다는 우려도 있다. 무엇보다 중요한 준비물은 인재다. AI 경영을 견인할 수 있는 인재를 확보해야 한다. 인재는 원가를 압박하는 자원이 아니라 기업 가치를 올리

AI 매니지먼트

는 자본으로 변한다.

AI 경영에 필요한 기술, 데이터, 자원, 인재를 충분하게 확보하고 있다고 판단하는 경영자는 많지 않다. 대부분 경영자는 아직 준비물을 다 마련하지 못했다며 결핍을 호소한다. AI 경영을 도입하기 위해 결핍을 해소하는 노력은 중요하다. 하지만 결핍 해소에 앞서 경영자에게는 가장 먼저 답해야 하는 질문이 있다. "우리는 어떤 기업이 되고 싶은가?" 이 질문에 경영자는 경영자의 관점에서 답해야 한다.

경영자의 답은 결핍이 아니라 상상에서 출발한다. 경영자가 내리는 의사결정은 미래가 되어야 성과로 나타난다. 그래서 경영자의 시제는 언제나 미래다. AI 경영을 시작하려는 경영자는 먼저 미래를 상상한다. 기업이 미래에 어떻게 변해야 하며 무엇을 해야 하는지 상상한다. 무엇을 취하고 무엇을 버릴지 상상한다. 미래의 협력자와 경쟁자를 상상한다. 상상이 마음에 들지 않으면 조건을 바꾸어가며 마음에 들 때까지 상상을 계속한다. 상상이 구체적일수록 실현의 가능성도 커진다.

경영자의 상상은 기업의 비전으로 간결하게 표현된다. 비전이 명확해야 기업이 해야 할 노력과 하지 말아야 할 낭비를 구분할 수 있다. AI 경영은 경영자의 상상에서 출발해서 미래를 향한 험하고 긴 여정을 시작한다. AI 경영으로 기업과 고객이 함께 새로운 가치를 만들 수 있다면 경영자는 기업 생존을 걱정하지 않아도 된다.

미 주

들어가며

1. Billionaire Jack Ma says CEOs could be robots in 30 years, warns of decades of 'pain' from A.I., internet impact, https://www.cnbc.com/2017/04/24/jack-ma-robots-ai-internet-decades-of-pain.html
2. If A.I. Can Do Your Job, Maybe It Can Also Replace Your C.E.O., https://www.nytimes.com/2024/05/28/technology/ai-chief-executives.html

Part 1. AI 경영을 도입한다

Chapter 1. 어떻게 AI 경영을 준비할 것인가?

1. Global AI Adoption Index, https://newsroom.ibm.com/2024-01-10-Data-Suggests-Growth-in-Enterprise-Adoption-of-AI-is-Due-to-Widespread-Deployment-by-Early-Adopters
2. 일터·일상에 스며든 AI… 주저하면 도태된다, https://www.chosun.com/economy/tech_it/2024/10/30/V6EW7MDJLVB3HBVZK4MOEKDVEA/
3. 산업 AI 내재화 전략, https://hrstpolicy.re.kr/kistep/kr/policy/policyPlanKorDetail.html?board_seq=52802&board_class=BOARD01&rootId=2003000&menuId=2003102
4. 계획은 그럴싸한데…'산업 AI' 이행은 게걸음, https://www.mk.co.kr/news/economy/ 11143097
5. 国内生成AIの利用実態に関する法人アンケート調査を実施(2023年), https://www.yano.co.jp/press-release/show/press_id/3399
6. 중소기업 AI 활용의향 실태 조사, https://www.kbiz.or.kr/ko/contents/bbs/view.do?seq=158833&mnSeq=207
7. 중소기업 AI 활용의향 실태 조사, https://www.kbiz.or.kr/ko/contents/bbs/view.do?seq=158833&mnSeq=207
8. 日中韓経営者アンケート － AIで開発」中国が積極的, https://www.nikkei.com/article/DGKKZO77712810W4A110C2FFJ000/
9. Fortune 500 wary of AI, https://www.eblockmedia.com/news/articleView.html?idxno=3684#google_vignette

10. The Age of AI has begun, https://www.gatesnotes.com/The-Age-of-AI-Has-Begun
11. Mobile first to AI first — Google I O'17, https://www.youtube.com/watch?v=8Og2BnpBhkM
12. AI AI AI 「손정의 소프트뱅크 회장 접견」, http://webarchives.pa.go.kr/19th/www.president.go.kr/articles/6786
13. 'Whoever leads in AI will rule the world': Putin to Russian children on Knowledge Day, https://www.rt.com/news/401731-ai-rule-world-putin/

Chapter 2. AI 기술의 특징을 이해하라

1. ICT 표준화 로드맵, https://www.tta.or.kr/tta/publicationNewsList.do?key=88&rep=1&searchKindNum=5
2. reflex agent and optimization
3. https://irp.fas.org/agency/dod/dsb/autonomy.pdf
4. US expected to propose barring Chinese software in autonomous vehicles, https://www.reuters.com/business/autos-transportation/us-expected-propose-barring-chinese-software-autonomous-vehicles-2024-08-04/
5. https://hub.jhu.edu/2022/01/26/star-robot-performs-intestinal-surgery/
6. Digital identification: A key to inclusive growth, https://www.mckinsey.com/business-functions/mckinsey-digital/our-insights/digital-identification-a-key-to-inclusive-growth

Chapter 3. 데이터를 확보하라

1. 중소기업의 디지털 성숙도 조사, https://eiec.kdi.re.kr/policy/domesticView.do?ac=0000156198
2. 한국데이터산업진흥원, 〈데이터 산업 동향 이슈 브리프〉, 2020.11.
3. YouTube Says OpenAI Training Sora With Its Videos Would Break Rules, https://www.bloomberg.com/news/articles/2024-04-04/youtube-says-openai-training-sora-with-its-videos-would-break-the-rules
4. Thom Yorke and Julianne Moore join thousands of creatives in AI warning, https://www.theguardian.com/film/2024/oct/22/thom-yorke-and-julianne-moore-join-thousands-of-creatives-in-ai-warning
5. Ed Newton-Rex, https://ed.newtonrex.com/blog/why-i-resigned-from-

stability–ai

6. Murdoch's Dow Jones, New York Post sue Perplexity AI for 'illegal' copying of content, https://www.reuters.com/legal/murdoch–firms–dow–jones–new–york–post–sue–perplexity–ai–2024–10–21/

7. Partnership with Axel Springer to deepen beneficial use of AI in journalism, https://openai.com/index/axel–springer–partnership/

8. Exclusive: Reddit in AI content licensing deal with Google, https://www.reuters.com/technology/reddit–ai–content–licensing–deal–with–google–sources–say–2024–02–22/

9. A Look Behind the Screens, https://www.ftc.gov/system/files/ftc_gov/pdf/Social–Media–6b–Report–9–11–2024.pdf

10. FTC Staff Report Finds Large Social Media and Video Streaming Companies Have Engaged in Vast Surveillance of Users with Lax Privacy Controls and Inadequate Safeguards for Kids and Teens, https://www.ftc.gov/news–events/news/press–releases/2024/09/ftc–staff–report–finds–large–social–media–video–streaming–companies–have–engaged–vast–surveillance

11. '알리 · 테무' 이용약관 열었더니 황당… "中에 다 털린다" 경고, https://www.hankyung.com/article/202404269415i

12. "SKT 에이닷, 개인정보 수집만 1,160글자"…과도한 개인정보 수집 의혹, https://it.chosun.com/news/articleView.html?idxno=2023092125028

13. '개인정보 유출 논란' 카카오페이, 가명 정보처리도 안 했다니, https://www.hani.co.kr/arti/economy/economy_general/1154190.html

14. The race to become the world's first document–free airport, https://www.cnn.com/travel/abu–dhabi–smart–travel–project/index.html

15. Speed and Convenience Top Priority for Passengers, https://www.iata.org/en/pressroom/2023–releases/2023–10–25–01/

16. 삼성, 챗GPT 데이터 유출 후 임직원 AI 사용 금지, https://www.aitimes.com/news/articleView.html?idxno=150837

Chapter 3. 컴퓨팅 능력이 중요하다

1. 제프 베이조스 "AWS 내놓고 7년간 경쟁 없었던 건 기적", https://www.digitaltoday.co.kr/news/articleView.html?idxno=503706

2. 5,000만 원 넘는 그 귀한 엔비디아 GPU, 시간당 1만 7,000원에, https://www.chosun.com/economy/tech_it/2024/03/28/FWN6IVAZWJBBBIVMJ2GU3F2AZI/

3. MS AI 개발을 위한 데이터 센터 임차 비용 130조 원 이상, https://www.chosun.com/economy/tech_it/2024/10/02/R5ZAS7WK25CP5HMS3JJRCEZ2PA/

4. OpenAI Projects $100B Revenue by 2029 Despite Expected Losses in 2023, https://www.gurufocus.com/news/2536940/openai-openai-projects-100b-revenue-by-2029-despite-expected-losses-in-2023

5. Server Market Analysis - 2H23, https://omdia.tech.informa.com/om033795/server-market-analysis—2h23

6. 스탠퍼드대 AI연구소 "GPU 부족한 대학에 AI연구 기회 줘야", https://www.mk.co.kr/news/society/11034698

Chapter 4. 비전을 실현할 AI 인재가 필요하다

1. 인공지능대학원 협의회, https://aigs.kr/default/company/company_01.php?topmenu=1&left=1

2. The AI Index Report, https://aiindex.stanford.edu/report/

3. Search Engine Market Share Worldwide, https://gs.statcounter.com/search-engine-market-share

4. ImageNet Large Scale Visual Recognition Challenge 2012, Full Results, http://image-net.org/challenges/LSVRC/2012/results.html

5. Catherine Shu, "Google Acquires Artificial Intelligence Startup for Over $500 Million", TechCrunch, January 26, 2014, https://techcrunch.com/2014/01/26/google-deepmind/

6. Paul Mozur, "Beijing Wants A.I. to Be Made in China by 2030", New York Times, July 20, 2017, https://www.nytimes.com/2017/07/20/business/china-artificial-intelligence.html.

7. 李智慧, 〈チャイナ・イノベーションは死なない〉, 2024, 日経BP

8. Microsoft stock hits all-time high after hiring former OpenAI CEO Sam Altman, https://edition.cnn.com/2023/11/20/investing/microsoft-stock-record-high-altman-openai/index.html

9. OpenAI CEO Sam Altman opens up about being fired by the board: 'Super caught off guard', https://www.cnbc.com/2024/01/17/openai-ceo-sam-altman-speaks-out-on-being-fired-by-his-board.html

10. Anthropic's CEO says why he quit his job at OpenAI to start a competitor that just received billions from Amazon and Google, https://finance.yahoo.com/news/anthropic-ceo-says-why-quit-194409797.

html?guccounter=1&guce_referrer=aHR0cHM6Ly93d3cuZ29vZ2xlLmNvbS8&
guce_referrer_sig=AQAAAHiCLVAkkDoK9JMGBTv-I4s7sPfRvDxKzKB1SLI0_
mWgGfRHKXICFyWfMkHYgR9QmKAi-aNjNm15ISVP9ugXB6RV2NAeShIZd1tB
BIVAj29x-BOAt9PjQKofa-gdg_hpZ0IH5p6WtZpmeXMmIXfn1m8y9bGH0aE5TZ
oS4-duZIQ6

11. AI Foundation Models: Update paper, https://www.gov.uk/government/
publications/ai-foundation-models-update-paper

12. M12, https://m12.vc/

13. 'Craziest talent war I've ever seen': Elon Musk says AI is hitting a new frenzy
https://fortune.com/2024/04/04/ai-talent-war-elon-musk-sam-altman-
openai-google-engineers/

14. 中 화웨이, 수억대 연봉 걸고 "전 세계 수학-AI 천재 모집", https://www.chosun.com
/international/international_general/2024/07/24/DEC7TPQN4JBORE7
Q2TYA2D2VDU/

15. FACT SHEET: Biden-Harris Administration Outlines Coordinated Approach to
Harness Power of AI for U.S. National Security, https://www.whitehouse.gov/
briefing-room/statements-releases/2024/10/24/fact-sheet-biden-harris-
administration-outlines-coordinated-approach-to-harness-power-of-ai-
for-u-s-national-security/

16. A.I. or Nuclear Weapons: Can You Tell These Quotes Apart?, https://www.
nytimes.com/2023/06/10/upshot/artificial-intelligence-nuclear-weapons-
quiz.html

17. Microsoft asks some China staff to relocate amid Sino-US tensions, https://
www.reuters.com/technology/microsoft-asks-hundreds-china-based-staff-
relocate-amid-us-china-tensions-wsj-2024-05-16/

18. 제프리 힌턴 교수 "韓, AI 격차 줄일 길은 기초연구 강화뿐", https://www.hankyung.
com/article/2024100944151

19. TensorFlow, https://www.tensorflow.org/overview

20. github, https://github.com/

21. 초봉 5억 주는 美 빅테크로… AI 고급 인재 40%가 한국 떠난다, https://www.chosun
.com/economy/tech_it/2024/06/18/GCLGN26TXVDINO2D2Y6WP7Y3QM/

22. The Global AI Talent Tracker 2.0, https://macropolo.org/interactive/digital-
projects/the-global-ai-talent-tracker/

23. The AI Index Report, https://aiindex.stanford.edu/report/

24. 한국 등지는 과학 인재들, 사람 없는데 혁신 나오겠나, https://www.mk.co.kr/news/

editorial/11100978

25. The Global AI Talent Tracker 2.0, https://macropolo.org/interactive/digital-projects/the-global-ai-talent-tracker/

26. 〈世界の大学等におけるIT教育について独自調査〉, https://corporate.resocia.jp/info/news/2022/20221215_itreport07

27. 외국인 유학생 유치 현황 및 향후 과제, https://www.kcue.or.kr/_upload/pds/2024/06/24/application_341618f994d33e3f63bf6d7197de59dd.pdf

28. 〈Survey finds talent gap is slowing enterprise AI adoption〉, https://venturebeat.com/2021/04/19/survey-finds-talent-gap-is-slowing-enterprise-ai-adoption/

29. Alibaba Cloud to Help Elevate Olympic Viewing with AI-Enhanced Multi-Camera Replay Service, https://www.alibabacloud.com/blog/alibaba-cloud-to-help-elevate-olympic-viewing-with-ai-enhanced-multi-camera-replay-service_601177

30. AI at the Paris 2024 Olympics, https://medium.com/SamMormando/ai-at-the-paris-2024-olympics-27e101dfa693

31. Trump allies draft AI order to launch 'Manhattan Projects' for defense, https://www.washingtonpost.com/technology/2024/07/16/trump-ai-executive-order-regulations-military/

32. The New Recruitment Challenge: Filtering AI-Crafted Résumés, https://www.wsj.com/tech/ai/automation-tools-ai-resumes-human-vetting-65a7100d

33. New Samsung Study: For Nearly 70% of Gen Z Side Hustlers, AI is Critical to Success, https://www.samsungmobilepress.com/press-releases/new-samsung-study-for-nearly-70-of-gen-z-side-hustlers-ai-is-critical-to-success/?site=mapping_hyperlink

34. 정세정, 신영규, 〈디지털 전환과 AI 기술에 관한 인식과 태도에 대한 10개국 비교〉, 보건복지포럼, 2024. 09.

35. AI4K12, https://ai4k12.org/

36. Beyond hiring: How companies are reskilling to address talent gaps, https://www.mckinsey.com/capabilities/people-and-organizational-performance/our-insights/beyond-hiring-how-companies-are-reskilling-to-address-talent-gaps

37. Decoding Global Trends in Upskilling and Reskilling, https://www.bcg.com/publications/2019/decoding-global-trends-upskilling-reskilling

38. We need a global reskilling revolution – here's why, https://www.weforum.

org/agenda/2020/01/reskilling-revolution-jobs-future-skills/

39. 小林祐児,〈リスキリングは経営課題〜日本企業の「学びとキャリア」考〉, 光文社新書 2023

40. https://www.gsb.stanford.edu/faculty-research/faculty/efrat-kasznik

41. ISO 30414:2018 Human resource management — Guidelines for internal and external human capital reporting, https://www.iso.org/standard/69338.html

42. Recommendation of the SEC Investor Advisory Committee's Investor-as-Owner Subcommittee regarding Human Capital Management Disclosure, https://www.sec.gov/files/20230914-draft-recommendation-regarding-hcm.pdf

43. 人的資本, 多様性等の開示例, https://www.fsa.go.jp/news/r5/singi/20231227/06.pdf

Chapter 6. AI 경영에 투자하라

1. THE AI INDEX REPORT, https://aiindex.stanford.edu/report/

2. Navigating AI Oversupply, https://zuzu.network/resource/blog/capitaledge-navigating-ai-oversupply/

3. OpenAI Nearly Doubles Valuation to $157 Billion in Funding Round, https://www.wsj.com/tech/ai/openai-nearly-doubles-valuation-to-157-billion-in-funding-round-ee220607

4. GEN AI: Too Much Spend, Too Little Benefit?, https://www.goldmansachs.com/images/migrated/insights/pages/gs-research/gen-ai—-too-much-spend%2C-too-little-benefit-/TOM_AI%202.0_ForRedaction.pdf

5. Elon Musk Ramps Up Legal Fight With OpenAI, Microsoft, https://www.wsj.com/tech/ai/elon-musk-openai-microsoft-lawsuit-chatgpt-224f93f5

6. The venture market downshifts further in 2023, with dealmaking and funding totals falling to 6-year lows., https://www.cbinsights.com/research/report/venture-trends-2023/

7. Leading Top 10 Countries in VC Investment, YTD 2024, https://lucidityinsights.com/infobytes/leading-countries-vc-investment-ytd-2024

8. 세계적(글로벌) 최고 수준의 벤처투자 시장을 조성합니다, https://www.gov.kr/portal/gvrnPolicy/view/H2410000001113473?policyType=G00301&Mcode=11218

9. Global VC Report 2020: Funding And Exits Blow Past 2019 Despite Pandemic Headwinds, https://news.crunchbase.com/venture/global-2020-funding-and-exit/

10. 코트라, 해외진출 스타트업 절반 '처음부터 해외에서 창업했다' 조사돼. https://www.newswire.co.kr/newsRead.php?no=960226

Part 2. AI 경영을 실천한다

Chapter 7. AI 경영의 성과를 빠르게 만들라

1. The most valuable AI use cases for business, https://www.ibm.com/think/topics/artificial-intelligence-business-use-cases
2. ISO/IEC TR 24030:2024 Information technology — Artificial intelligence(AI) — Use cases, https://www.iso.org/standard/84144.html
3. A 20-Year Community Roadmap for Artificial Intelligence Research in the US, https://cra.org/ccc/wp-content/uploads/sites/2/2019/08/Community-Roadmap-for-AI-Research.pdf
4. International Roadmap for Devices and Systems, https://irds.ieee.org/
5. 安永裕幸, 尹泰聖,〈テクノロジー・ロードマップ—技術知識の俯瞰と分析による新産業創造〉, オープンナレッジ, 2006.
6. The Alliance for Logistics Innovation through Collaboration in Europe(ALICE), http://www.etp-logistics.eu/
7. https://en.wikipedia.org/wiki/John_R._Pierce
8. https://arc.aiaa.org/doi/10.2514/8.6641
9. AI Market, https://www.marketsandmarkets.com/Market-Reports/artificial-intelligence-market-74851580.html
10. Hollywood writers agree to end five-month strike after new studio deal, https://www.theguardian.com/culture/2023/sep/26/hollywood-writers-strike-ends-studio-deal
11. Real AI threats are disinformation, bias, and lack of transparency: Stanford's James Landay, https://economictimes.indiatimes.com/tech/artificial-intelligence/real-ai-threats-are-disinformation-bias-and-lack-of-transparency-stanfords-james-landay/articleshow/112138837.cms?from=mdr
12. Carl Benedikt Frey and Michael A. Osborne, "The Future of Employment: How Susceptible Are Jobs to Automation", Oxford Martin Programme on Technology and Employment, September 17, 2013, https://www.oxfordmartin.ox.ac.uk/downloads/academic/future-of-employment.pdf.

13. Melanie Arntz, Terry Gregory, and Ulrich Zierahn, "The Risk of Automation for Jobs in OECD Countries: A Comparative Analysis", OECD Social, Employment, and Migration Working Papers, no. 189, May 14, 2016, http://dx.doi.org/10.1787/5jlz9h56dvq7-en.

14. Richard Berriman and John Hawksworth, "Will Robots Steal Our Jobs? The Potential Impact of Automation on the UK and Other Major Economies", PwC, March 2017, https://www.pwc.co.uk/economic-services/ukeo/pwcukeo-section-4-automation-march-2017-v2.pdf

15. James Manyika et al., "What the Future of Work Will Mean for Jobs, Skills, and Wages", McKinsey Global Institute, November 2017, https://www.mckinsey.com/global-themes/future-of-organizations-andwork/what-the-future-of-work-will-mean-for-jobs-skills-and-wages.

Chapter 8. AI를 활용하여 지·가·연·융 산업으로 전환하라

1. 윤태성, 《지식 비즈니스가 뜬다》, 매일경제신문사, 2013.

2. Helping our customers through the CrowdStrike outage, https://blogs.microsoft.com/blog/2024/07/20/helping-our-customers-through-the-crowdstrike-outage/

3. Huawei moves to totally abandon Android, https://www.rt.com/business/591068-huawei-abandon-android-harmony-os/

4. 글로벌 IT 장애, 중국은 남의 나라 얘기, https://www.fortunekorea.co.kr/news/articleView.html?idxno=40724

5. Rise of HarmonyOS shows US 'tech war' to contain China's development is counterproductive, https://www.globaltimes.cn/page/202406/1314272.shtml

6. McCarthy, J., Minsky, M. L., Rochester, N., & Shannon, C. E., "A Proposal for the Dartmouth Summer Research Project on Artificial Intelligence, August 31, 1955", AI Magazine, 27(4), p12, 2006.

Chapter 9. 특허를 출원하고 사실상의 표준을 노려라

1. Google loses Sonos smart speakers patent fight, https://www.bbc.com/news/technology-59912219

2. 国·地域別の生成AI特許出願で中国が他を圧倒、日本は韓国·欧州にも及ばず, https://xtech.nikkei.com/atcl/nxt/column/18/02792/032900002/

3. 인공지능 등 첨단기술 분야의 국내 특허출원 동향, https://www.kipo.go.kr/ko/kpoContentView.do?menuCd=SCD0201242

4. CPC 및 IPC 분류코드, https://www.kipo.go.kr/ko/kpoContentView.do?menuCd=SCD0200269

5. ビジネス関連発明の最近の動向について, https://www.jpo.go.jp/system/patent/gaiyo/sesaku/biz_pat.html

6. ISO/IEC 42001:2023 Information technology – Artificial intelligence – Management system, https://www.iso.org/standard/81230.html

7. The IEEE Global Initiative on Ethics of Autonomous and Intelligent Systems, https://standards.ieee.org/industry-connections/ec/autonomous-systems/

8. https://www.itu.int/en/ITU-T/studygroups/2017-2020/20/Pages/default.aspx

9. ISO/IEC JTC 1/SC 42 Artificial intelligence, https://www.iso.org/committee/6794475.html

10. 〈글로벌 시대의 인공지능 표준화 분석보고서〉, 2023.12, 한국정보통신기술협회

11. 〈표준특허의 정의〉, https://www.kats.go.kr/content.do?cmsid=285

12. 5G 표준 필수 특허, 중국이 전 세계 42% 차지, https://www.e-patentnews.com/11586

13. 통신장비 수출 막힌 화웨이, 일본 30개 사에 기술 로열티 요구, https://ipac.kr/core/?cid=22&uid=6793&page=&role=view

14. ファーウェイ、日本の中小に特許料要求 米中対立の余波, https://www.nikkei.com/article/DGXZQOGH187220Y3A510C2000000/

Chapter 10. AI 퍼스트 그룹에 들어가라

1. 서울국제마라톤 구간별 상황 정리, https://www.donga.com/news/Sports/article/all/20100321/26985129/1

2. Microsoft says OpenAI is now a competitor in AI and search, https://www.cnbc.com/2024/07/31/microsoft-says-openai-is-now-a-competitor-in-ai-and-search.html

3. AI Alliance, https://thealliance.ai/

4. IBM leads Google and Microsoft as race to next generation AI heats up, https://www.ificlaims.com/news/view/pr-generative-ai.htm

5. Will China lead the world in AI by 2030?, https://www.nature.com/articles/d41586-019-02360-7

6. AI Seoul Summit, https://aiseoulsummit.kr/aiss/

7. AI 서울 정상회의 서울 선언 및 의향서, https://aiseoulsummit.kr/kor/press/?uid=41&mod=document&pageid=1
8. 런던에서의 서울 AI 정상회의 회고, http://www.spreadi.org/everyone-ai/2024/6/30/-ai-
9. China Is No. 2 for Global AI Innovation for Fourth Straight Year, Study Shows, https://www.yicaiglobal.com/news/china-is-no-2-in-global-ai-innovation-index-for-fourth-year
10. The Global AI Index, https://www.tortoisemedia.com/intelligence/global-ai/
11. Center for Data Innovation, https://datainnovation.org/category/issue/artificial-intelligence/
12. The Global AI Index 2024, https://www.tortoisemedia.com/intelligence/the-global-ai-index-2024/; Google's Payments to Apple Reached $20 Billion in 2022, Antitrust Court Documents Show, https://www.bloomberg.com/news/articles/2024-05-01/google-s-payments-to-apple-reached-20-billion-in-2022-cue-says
14. USDOJ: Antitrust Division 1995 Press Releases, https://www.justice.gov/archives/atr/usdoj-antitrust-division-1995-press-releases

Chapter 11. 새로운 가치를 창조하라

1. Fred Reichheld, 《The Ultimate Question: Driving Good Profits and True Growth》, Harvard Business School Press 2006
2. 윤태성, 《탁월한 혁신은 어떻게 만들어지는가》, 레인메이커, 2014
3. 윤태성, 《고객은 독이다》, 한국경제신문, 2016

Chapter 12. AI 기술 관리에 주의한다

1. 'We are a little bit scared': OpenAI CEO warns of risks of artificial intelligence, https://www.theguardian.com/technology/2023/mar/17/openai-sam-altman-artificial-intelligence-warning-gpt4
2. Tesla CEO: AI more dangerous than nuclear weapons, https://www.torquenews.com/1/tesla-ceo-ai-more-dangerous-nuclear-weapons
3. Guterres warns humanity on 'knife's edge' as AI raises nuclear war threat, https://www.theguardian.com/world/article/2024/jun/07/ai-nuclear-war-threat-un-secretary-general

4. First Committee Approves New Resolution on Lethal Autonomous Weapons, as Speaker Warns 'An Algorithm Must Not Be in Full Control of Decisions Involving Killing, https://press.un.org/en/2023/gadis3731.doc.htm

5. マイクロソフトが米国防総省のクラウド契約を獲得、アマゾン相手の「逆転勝利」が意味すること, https://wired.jp/2019/10/28/microsoft-surprise-winner-dollar10b-pentagon-contract

6. H.R.5040 – Export Control Reform Act of 2018, https://www.congress.gov/bill/115th-congress/house-bill/5040

7. Wassenaar Arrangement, https://www.wassenaar.org/

8. Who's making chips for AI? Chinese manufacturers lag behind US tech giants, https://www.nature.com/articles/d41586-024-01292-1

9. The U.S.-China AI Dialogue Would Benefit From More Stakeholders, https://datainnovation.org/2024/06/the-u-s-china-ai-dialogue-would-benefit-from-more-stakeholders/

10. Consumer data right, https://www.mbie.govt.nz/business-and-employment/business/competition-regulation-and-policy/consumer-data-right/

11. 윤태성, 《기술전쟁》, 위즈덤하우스, 2023

AI 매니지먼트
AX 시대 CEO가 갖춰야 할 비즈니스 전략

초판 1쇄 인쇄 | 2025년 2월 25일
초판 1쇄 발행 | 2025년 3월 11일

지은이 | 윤태성
펴낸이 | 전준석
펴낸곳 | 시크릿하우스
주소 | 서울특별시 마포구 독막로3길 51, 402호
대표전화 | 02-6339-0117
팩스 | 02-304-9122
이메일 | secret@jstone.biz
블로그 | blog.naver.com/jstone2018
페이스북 | @secrethouse2018
인스타그램 | @secrethouse_book
출판등록 | 2018년 10월 1일 제2019-000001호

© 윤태성, 2025

ISBN 979-11-94522-06-5 03320